插畫版
完全指南

日本的[illegible]像與[illegible]

Kawaguchi Nirako 繪
Lotus Sawako 文
陳美瑛 譯

前言

參訪日本各地的寺院、參拜佛像，會讓人有「上癮」的樂趣。
然而，每每一進入寺院，
「那尊佛像有什麼特徵，又會帶來什麼利益功德呢？」
「寺院內有好多建築物，到底有什麼不同呢？精彩之處在哪呢？」
「在寺裡看到過，但其實不很瞭解，這到底是什麼？」
「這個寺院的起源是什麼？為什麼供奉那尊佛像？」
相信許多人腦子中應該或多或少都有類似的問題吧！
本書藉由全彩插畫，透過簡單易懂的方式說明，從日本寺院裡供奉的佛像，到各寺建造的起源、各建築物的名稱與製作方式，以及諸尊佛菩薩帶來的利益功德、觀賞重點等。帶著本書遍訪佛像、寺院，相信您的世界將會更加開闊喔！

日本的佛像與寺院研究會

◉介紹佛像的單元中，佛像的插畫並沒有參考特定佛像，只是根據一般特徵畫出的原創作品。
◉插畫以變形的風格呈現，故有些部分簡化描繪內容。
◉文章調查了各種佛像，選出具代表性的特徵、印相以及持物來說明，實際上的佛像可能各有差異。
◉關於諸尊佛菩薩的漢字、讀音以及梵語名稱有各種說法。
◉基本上，各寺的本尊名稱沿用該寺的說法，有時會與一般通用的名稱不同。
◉寺名採用最具代表性的說法，並非正式名稱。
◉有時因整理、修繕等因素而無法參拜或參觀。參訪前請先向各寺院查詢。

插畫版完全指南 日本的佛像與寺院 目次

Chapter 1

佛像與寺院的基礎知識 10

佛篇

寺院篇

Chapter 2 如來的世界

Chapte 3

菩薩的世界

70

Chapter 5 天的世界

Chapter 6

垂迹的世界

Chapter 7 羅漢。祖師的世界

Chapter 1

佛像與寺院的基礎知識

佛的發祥地，是釋迦誕生的印度。
初期的佛教並沒有偶像崇拜的習慣，
禮拜的對象是存放舍利、稱為窣堵波的寶塔，
或是記錄釋迦生涯的佛傳圖。
釋迦入滅後過了四、五百年，
約在西元一世紀後半才有佛像出現。
佛教傳到日本約是在六世紀的中期，
奈良時代為了祈求鎮護國土，
各地興建起寺院，佛教開始發展。

佛分為四個階位

佛有許多不同種類，大致可以分為「如來部」、「菩薩部」、「明王部」、「天部」等四大類。

簡單來說，如來指的是已開悟者，菩薩是開悟前的修行者，明王是如來的化身，天則是原本印度的鬼或惡神所變。

此外，還有日本原來就有的神明與佛教結合而形成的「垂迹部」，以及釋迦的弟子與高僧等形成的「羅漢、祖師」，也都包含在佛的世界之內。

佛的性質與外貌因所屬部別而各有特色。

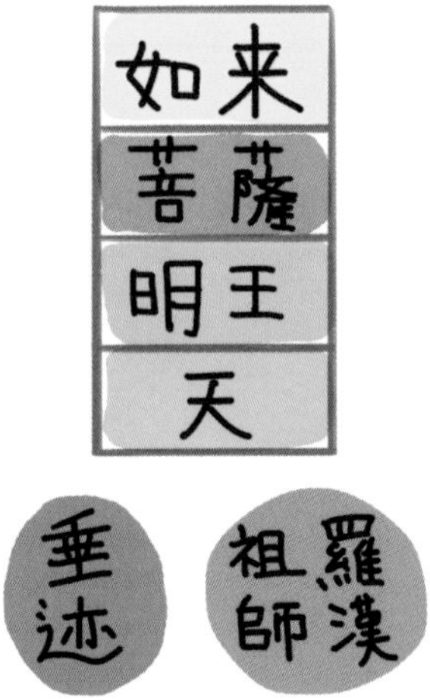

如來

如來的梵語是Tathāgata。「如」意味著眞實，「如來」指來自眞理世界者，也就是已達開悟境界者。

最早的佛像是釋迦如來，也就是把佛教的祖師釋迦具象化。起初僅有釋迦如來，後來大乘佛教出現了各種如來。

菩薩

菩薩的正式名稱是菩提薩埵，為梵語 Bodhisattva 的音譯名稱，意思是尋求開悟者。雖然菩薩處於開悟前的修行階段，不過也已經確定未來將會成為如來。

與如來相比，菩薩以更貼近眾生的角度救渡世人，所以為大眾熟知，也廣獲崇敬。

明王

明王的梵語是Vidyā-rāja，Vidyā乃指眞言（明咒），Rāja是王的意思，意指擁有最強大眞言力量的神祇。明王是從密教產生的佛，密教非常重視眞言的力量。

另外，密教裡地位最崇高的是大日如來，一般認為明王為大日如來的化身。

天

天的梵語是Deva，四種階位裡種類最多的就是天部。

原本主要是婆羅門教與印度教的神祇，後來被引進佛教，擔任守護佛法的任務。另外，有些天也看得出受到中國與日本神明的影響。

以天部的傾向來說，多半具有某項特別的功用，也就是可帶來某種現世的利益。

垂迹

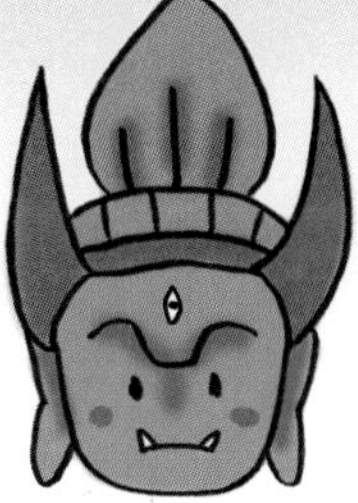

日本自古以來就有八百萬各式各樣的神明存在。佛教傳進日本時，民間也曾經有抗拒的聲音，後來佛與日本的神都受到民眾信仰，神佛調和的觀念逐漸建立起來。後來出現了本地垂迹的觀念，也就是將日本的神視為佛教的佛之化身。

垂迹部的神可說是神道與佛教融合所產生的結果。

羅漢・祖師

羅漢的正式名相是阿羅漢，由梵語的Arahat而來。本來在印度乃指值得尊敬之人，後來在佛教裡指開悟者。

祖師指對佛教的發展具有重大貢獻的高僧或是某一宗派的開創者。在雕刻或繪畫中，基本上都採用僧侶的外形，不過由於沒有特別的成規，所以也擁有各式的樣貌。

如來擁有超過一一〇種異於常人的特徵

佛像的基本型態來自佛的起源，也就是釋迦如來。如來的特徵在經典中有清楚的描述，最大的特徵稱為「三十二相」，更詳盡的細項則稱為「八十種好」。

三十二相之中，有全身散發金色光芒的「金色相」，或是頭頂隆起肉髻的「頂髻相」等，皆是一般人身體不會出現的特徵。

遠在佛教出現之前，印度普遍的思想就認為偉人擁有異於常人的特性，由此觀念而衍生出佛的種種特徵。

三十二相
丈光相
身體發出閃耀的光芒。
金色相
身體為金色。
身廣長等相
身高與雙手伸展後的長度等長。
正立手摩膝相
端正站立之時，雙手長可及膝。

白毫相

白色長毛卷成渦狀，在眉間形成大痣並且放出光芒。

頂髻相

頭頂的肉隆起，形成髮髻的形狀。

手足指縵網相

手足的指間長出如金色蹼般的膜。

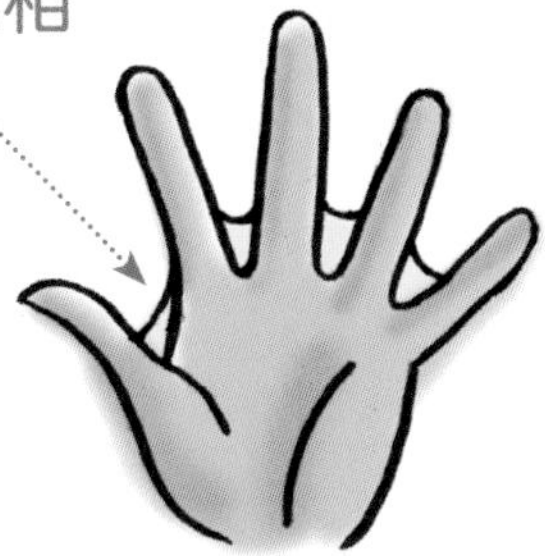

大舌相

舌大且伸長可觸及髮際處。

味中得上味相

無論吃什麼都覺得無比美味。

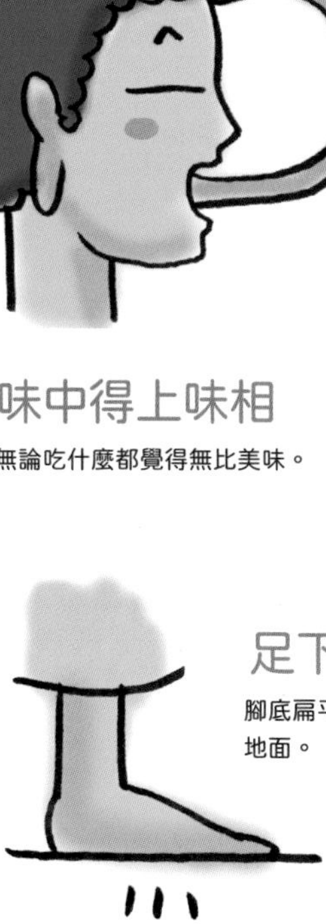

足下安平立相

腳底扁平，走路時足底密著地面。

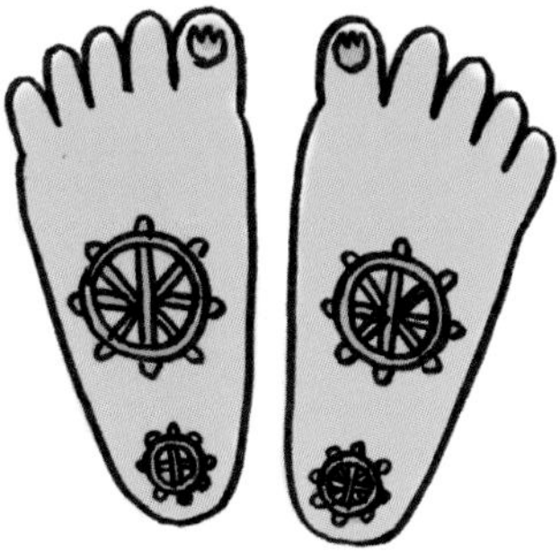

足下二輪相

手掌、腳底有千輻輪的花紋。

梵聲相

聲音潔淨美妙，可傳到遠處。

眞青眼相

眼睛是如蓮花的青藍色。

八十種好

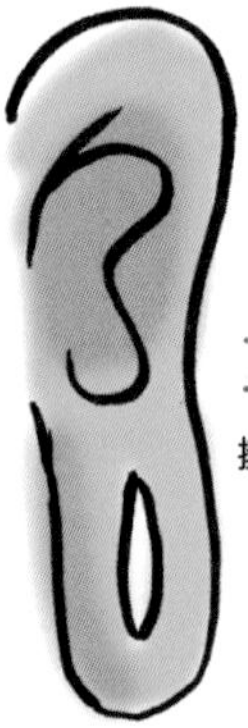

眉如初生月紺瑠璃色

眉毛為藍紫色的月牙眉。

耳輪垂埵

擁有長長的耳垂。

眼廣長

眼睛又長又寬。

耳朵環狀

耳朵有戴耳環的痕跡。

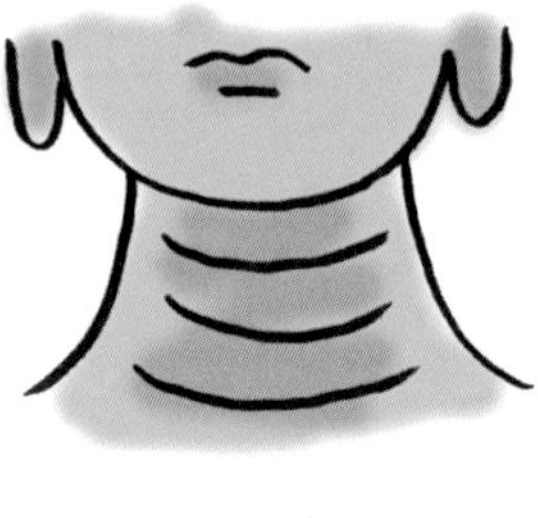

髮色如青珠

髮色為藍色。

三道

頸上有三條皺紋。

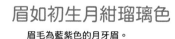

從裝扮分辨佛

關於佛的服裝與髮型，如來、菩薩、明王與天部等，各有其共同的特徵。

如來是出家、開悟後的狀態，所以只披上簡單的粗布；相反地，菩薩則呈現貴族模樣，披戴各式各樣的裝飾品；明王因具有大日如來的教令輪身（參照一〇八頁）特質，所以顯現令人懼怕的外形與忿怒相；天是源自印度的神，因此呈現多面多臂或半人半獸等外形，與如來、菩薩大不相同。

就算不懂佛像的名稱，光看外形也大致能夠辨別是哪種類型的佛。

髮型

螺髮

如來的髮型。把一小搓、一小搓頭髮束起並往右卷曲，形成無數個螺狀髮卷。螺髮的數目依佛的類別而有所不同。

寶髻

菩薩的髮型。把長長的頭髮往上綁，在頭頂上綁成髮髻。有垂髻、高髻、螺髻等不同類型。

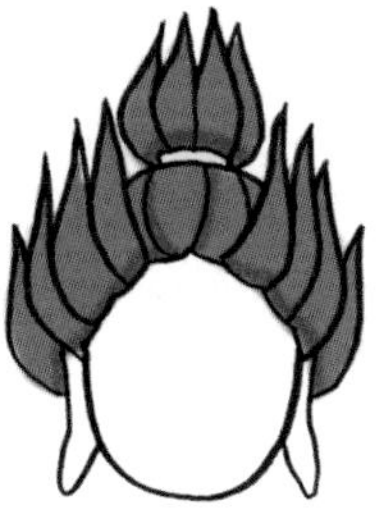

炎髮

明王的髮型。頭髮向上豎直，形成熊熊火焰的模樣。呈現忿怒相。

辮髮

不動明王的髮型。頭髮束起並垂於左側。由於頭頂表示佛界，左側表示眾生界，髮辮垂在左側是愛護眾生的證明。

如來

如來是遠離俗世者，因此呈現出家者的樣貌，也就是沒有配戴任何裝飾品的樸素外形。

上半身披著一塊稱為大衣（法衣）的粗布，下半身則纏著如裙（裳）般的衣物。頭髮是螺髮。

法衣的穿法有包覆雙肩的通肩，以及露出右肩的偏袒右肩等兩種。

偏袒右肩

頂髻相

頭頂肉隆起，形成髮髻的形狀（肉髻）。

白毫相

眉間長出的白色長毛向右卷成圈狀，形成痣的模樣。若拉直長達4.5公尺。

通肩

把大衣從右肩繞過前胸，再披掛在左肩，覆蓋雙肩的穿著方式。

肩圓滿相

雙肩圓滿豐厚。

例外

大日如來

大日如來象徵宇宙的真理，故而呈現王者的姿態。相對於如來只披掛一件大衣的外形，大日如來則是髮結寶髻，頂戴寶冠，穿著條帛與天衣，配戴瓔珞、臂釧、腕釧等，非常絢爛豪華。

菩薩

菩薩是以開悟前修行的釋迦為原型。釋迦出家前是印度的王子，所以基本上菩薩就呈現印度貴族的外形。

穿著條帛、天衣等優雅服裝，長髮優雅盤起且頭戴寶冠，全身穿戴瓔珞與腕釧等飾品為其特徵。

地藏菩薩

為了救助娑婆世界（現世）中的眾生，呈現聲聞型態（僧型），而非菩薩型態。頭部剃髮，身著袈裟，左手捧寶珠，右手持錫杖。

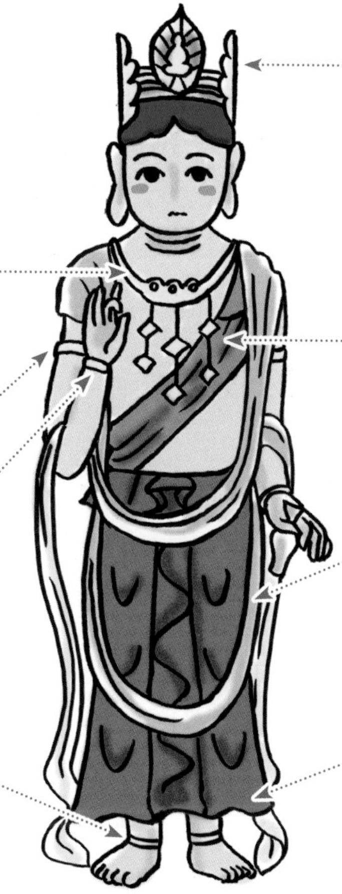

寶冠

寶冠的型態有覆蓋整個頭部的冠、裝飾前額的頭飾，以及包含正面及左右兩面的三面頭飾。

瓔珞

寶石或貴金屬串連成的頸部飾品，即所謂的項鍊。

條帛

原則上是從左肩垂掛到右腋下的帶狀布條。

臂釧

套在上臂的鐲子。

腕釧

套在手腕的手鐲。常見不戴臂釧只戴腕釧的情況。

天衣

從肩上垂掛到胸側，為帶狀的輕盈細布條，長度可垂至腳底。

足釧

套在腳踝上的腳鍊。

裙

下半身穿著如裙狀的布。以繩子圍繞固定在腰部，上部反折。

明王

一般認為大日如來有各種化身，明王即為其中之一。為了降伏連溫和的如來所言都不願服膺的業障深重之人，明王便顯現駭人的外貌與忿怒的表情。

大部分的明王都有多面多臂，手持各式各樣的武器。背負著熊熊燃燒的火焰光，身上有蛇等動物纏繞著，以如此的駭人氣勢威嚇對方。

孔雀明王

印度已神格化的孔雀被引進了佛教中，成為孔雀明王。呈現女性化的菩薩型態。神情溫和並以孔雀為坐騎。手上拿的不是武器，而是全開的蓮花、吉祥果、俱緣果、孔雀尾。

怒髮
因忿怒而豎直的頭髮。
忿怒相
呈現極度憤怒的忿怒相。
武器
戟、金剛鈴、五鈷杵、寶劍、羂索、箭、弓等。
骷髏瓔珞
以骷髏串連而成的項鍊。
虎皮裙
以虎皮製成的褲子。

天

天部的神明性格多樣，容貌也各具特色而豐富。特徵雖無法一一說明，不過外形大致可分成五類。

①貴紳型——中國風的貴族樣貌，穿著禮服，接近凡人的感覺。

②天女型——中國風的美女樣貌。穿著華麗的衣裳，並配戴飾品。

③武將型——西域風的武士。穿戴盔甲等裝備，也有腳踩邪鬼的姿態。

④鬼神型——怪異的鬼。通常裸露上半身，腰部以下穿著長度稍短的裙。

⑤鳥獸型——頭部是人類以外的鳥或其他動物。

天女形

中國風的美麗貴婦樣貌。如吉祥天或辯才天。

貴紳形

中國風的貴族樣貌，溫和的神情。如梵天或帝勢天。

武將型

身穿西域風的皮製鎧甲，呈現忿怒的形象。如四天王或韋駄天。

鳥獸型

頭部是鳥或其他動物。如迦樓羅或歡喜天。

鬼神形

頭髮豎立的奇特樣貌，也有多面多臂的型態。如深沙大將、風神、雷神。

手印有各種意義與功用

手印的梵語是Mudrā，也稱為印相或印契，或簡稱印。

佛像塑造初期是以釋迦的姿勢為原型，以此為基礎而產生「釋迦五印」。後來發展出阿彌陀如來特有的印相，密教傳播之後，透過印相呈現更深入的教義，如開悟或誓願等。在密教中，各種佛的印相都是固定的。

如果注意印相的各種手勢，相信也能夠感受到佛想傳遞的想法吧！

釋迦五印

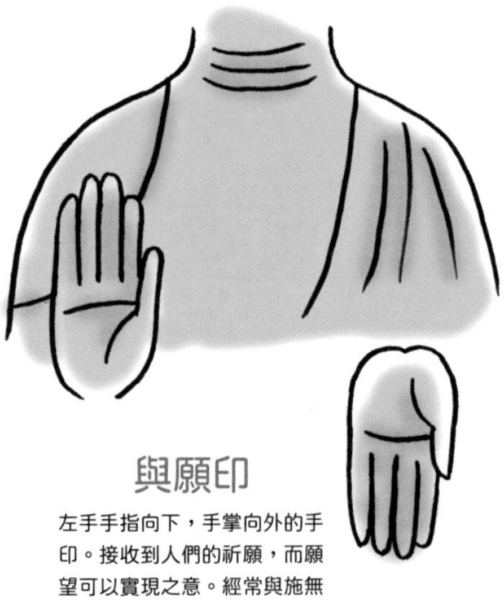

施無畏印

右手手掌向前，並置於胸前的手印。表示消除畏懼，給予對方安心感。

與願印

左手手指向下，手掌向外的手印。接收到人們的祈願，而願望可以實現之意。經常與施無畏印合併使用。

定印

釋迦開悟時所結的手印。右手掌放在左手掌之上，拇指指尖相觸。定印又分為坐禪時所結的禪定印、阿彌陀如來所結的阿彌陀定印、胎藏界大日如來所結的法界定印。

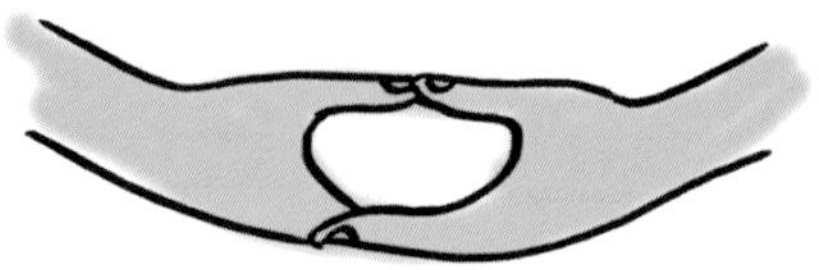

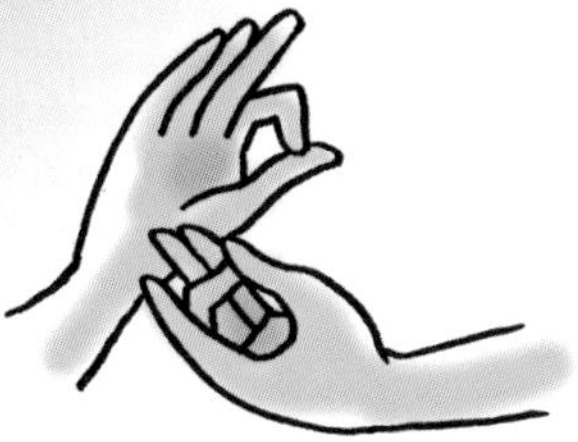

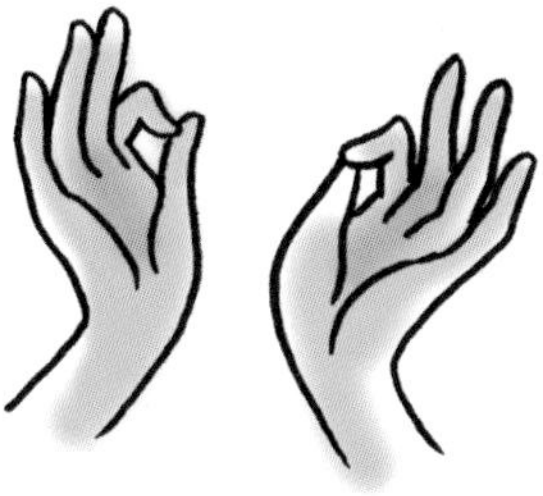

說法印（轉法輪印）

釋迦最初說法時所結的手印。釋迦說法時會做出各種動作，所以說法印也不只一種。常見的是兩手拇指與食指相捻，雙手置於胸前。

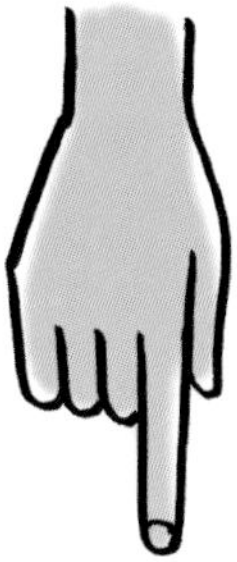

降魔印（觸地印）

解開定印，以右手食指觸地的手印。邪魔騷擾冥想中的釋迦之時，釋迦以手觸地，大地之神便現身驅逐邪魔。

阿彌陀如來印

阿彌陀如來有幾個特有的手印。

首先是九品來迎印（參照五十五頁）。人將臨終，阿彌陀如來現身迎接往生者前往極樂淨土，不過根據每個人的功德不同，會有九種不同的去處。阿彌陀如來所結的印相也因不同階位而有所不同。

另外還有阿彌陀定印，打坐時將雙手置於盤腿的雙腳上，或是善光寺阿彌陀如來所結的刀印等。

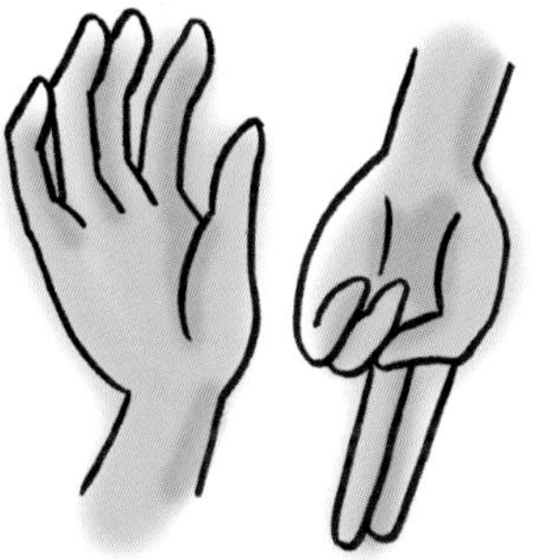

刀印

伸出左手的食指與中指並朝下的手印。同時右手結施無畏印。表示消除邪惡的意思。

密教印

法界定印

與釋迦的定印相同，但若是胎藏界的大日如來結印，就稱為法界定印。

智拳印

金剛界大日如來結的手印。兩手拇指握於拳中，伸出左手食指，再以右手握住左手食指。象徵大日如來的智慧。

其他印相

大瞋印（跋折羅印）

軍荼利明王的手印。多隻手臂中央的雙手伸出食指、中指、無名指，並彎曲小指壓住拇指，雙手在胸前交叉。

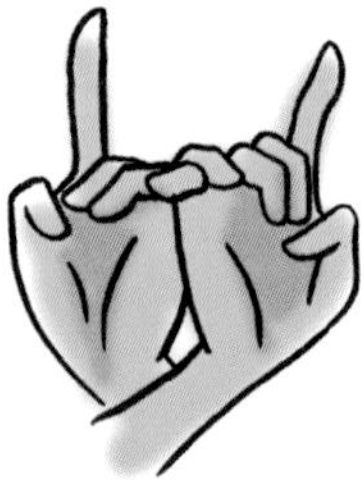

降三世印

降三世明王的手印。多隻手臂中央的雙手在胸前交叉，兩手小指交扣。

檀荼印

大威德明王的手印。多隻手臂中央的雙手在胸前合掌，雙手小指與無名指在掌內交叉並伸直中指。

大怒印

大元帥明王的手印。右手握拳，然後伸直食指與小指。

合掌

雙手手掌在胸前合併，是一般人最熟悉的手印。密教有所謂十二合掌，依照合掌的方式分為十二種類型，一般的型態是虛心合掌。

透過持物瞭解拯救眾生的方法

佛手中所持之物千百種，不同佛所持的物品也各有不同。

例如藥壺，是藥師如來的持物；水瓶被視為觀音的象徵。密教成立後出現的佛則常拿金剛杵、羂索、寶塔、劍等。

如果瞭解持物的功用，也就能夠推測該佛具有何種教化與利益功德。另外，持物也是判別佛的重點。

蓮花

蓮花出汙泥而不染，象徵佛的眞理不被煩惱汙染。型態有含苞（未敷）蓮花、半開蓮花與全開（開敷）蓮花。

持有的佛

所有菩薩，特別是觀音菩薩

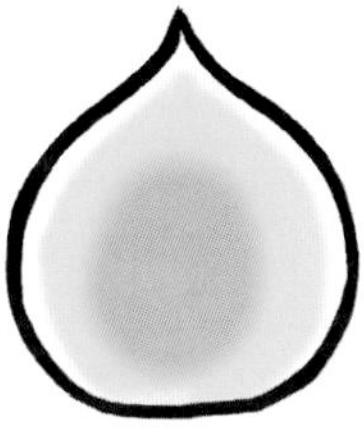

寶珠

正式名稱為如意寶珠，意指能如願獲得想要的東西。寶珠具有可達成各種願望、治療疾病等功能。梵語音譯也稱為摩尼(寶石)。

持有的佛

虛空藏菩薩、地藏菩薩、如意輪觀音、吉祥天

法輪

象徵佛法。具有以戰車車輪般宏偉氣勢傳播佛教教義的涵義，也稱為輪寶或寶輪。

持有的佛

如意輪觀音、軍荼利明王

經卷

具有傳授釋迦教義的涵義。另外也象徵智慧。

持有的佛

文殊菩薩、廣目天

佛珠

具有誦經的功德。代表斬斷煩惱的智慧。正式的佛珠有108顆，也稱為念珠。

持有的佛

准胝觀音、十一面觀音

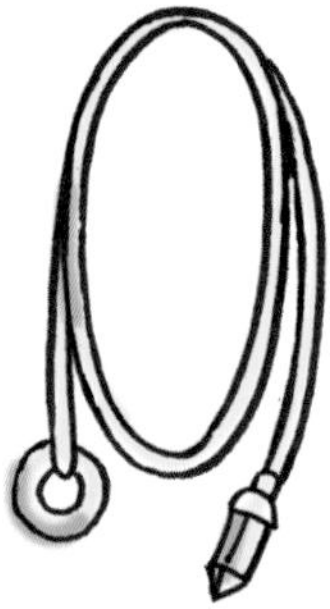

羂索

五種顏色的線搓成的繩子，可捆住煩惱。另外羂索也有救渡眾生的涵義。

持有的佛

不空羂索觀音、不動明王、降三世明王

戟

矛的一種，可粉碎災難。分別有尖端分成三個叉的三叉戟、裝上鈷（擊碎煩惱）的獨鈷戟等。

持有的佛

大威德明王、四天王

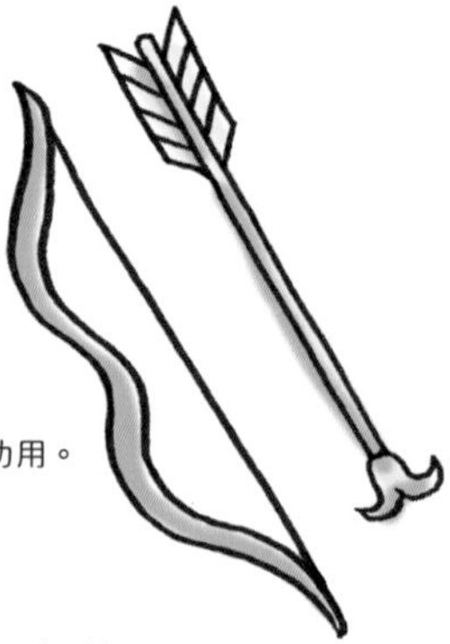

弓、矢

具有引導正確道路的功用。可帶來成功與榮耀。

持有的佛

愛染明王、降三世明王、金剛夜叉明王

寶劍

斬斷煩惱、迷惘等一切惡。另外也象徵智慧。

持有的佛

文殊菩薩、虛空藏菩薩、不動明王、持國天

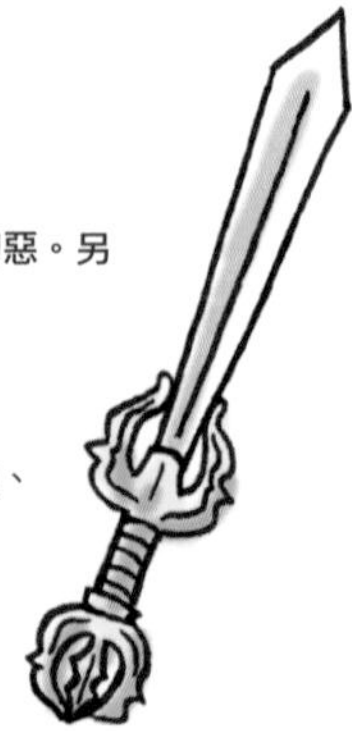

水瓶

表示清除汙濁。裡面裝的是能實現所有願望的「功德水」。

持有的佛

觀音菩薩、十一面觀音

藥壺

壺中裝有可治癒各種疾病的藥，壺內的藥永遠用不完。

持有的佛

藥師如來

錫杖

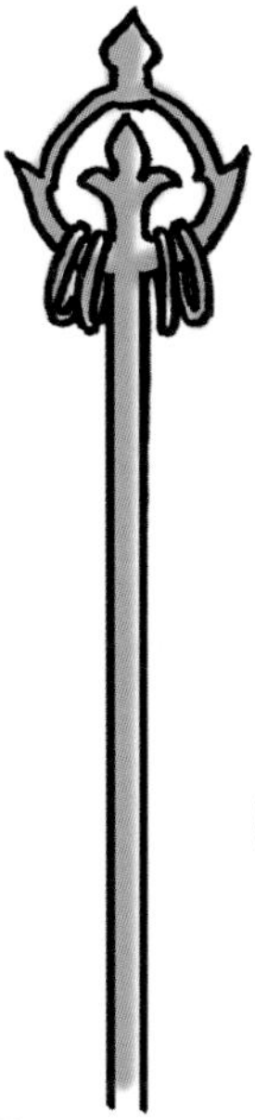

尖端裝有小金屬圓圈以發出聲響的手杖。本來是印度修行僧侶用來通知接受布施的工具，衍生為利用聲響擊退不好事物的涵義。

持有的佛

地藏菩薩、不空羂索觀音、千手觀音

寶塔

放置佛舍利的塔。也具有帶給人們財富的涵義。

持有的佛

毘沙門天

金剛杵

密教重用的持物，原本是古印度的武器。如鑽石（金剛石）般堅硬，可擊碎難以解決的煩惱。兩端是裝有矛尖端之刃的獨鈷杵，分為三刃或五刃的三鈷杵、五鈷杵。

持有的佛

金剛夜叉明王、仁王、摩利支天

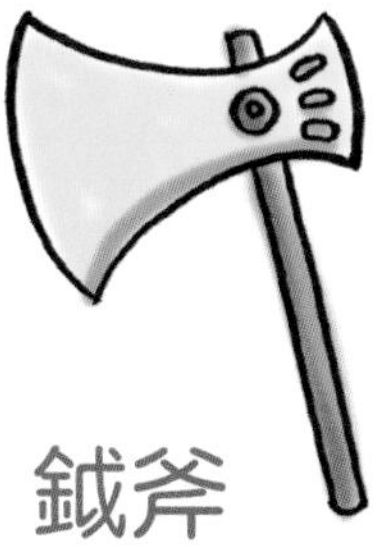

鉞斧

擊退災禍，召喚福氣。

持有的佛

馬頭觀音、准胝觀音

佛身上發出的光芒形成特定的形狀

如同我們形容慈悲的人有如「頭上出現光環」的天使一般，佛全身也會發光。「丈光相」就是佛的三十二相之一。

佛像則以各種光背呈現丈光相。

光背分為從身體散發出來的「身光」、從頭部發光的「頭光」，以及結合頭光與身光的「舉身光」等三大類。主要的光背為舉身光，不過也經常看到只出現頭光的情況。

隨著時代的演變，光背的設計也不斷進化，進而產生以各種圖案裝飾的光背。

舉身光

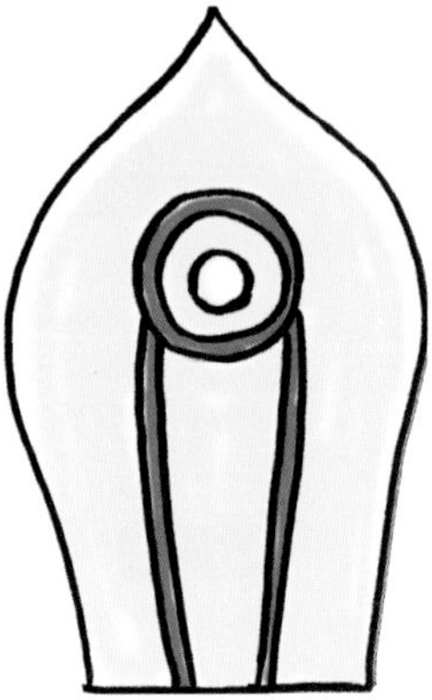

舟形光背

如同船身立起的形狀，故稱為舟形。源自於一片蓮花花瓣的形狀，也稱為「蓮瓣形光背」。
邊緣以化佛、唐草、火焰等花樣點綴。若是三尊形式的佛像，舟行光背也會覆蓋到左右兩側的脅士，稱為一光三尊。

二重圓光

圓形的頭光與身光重疊，並以光的底部支撐。主要用在坐像。有時邊緣會飾以唐草、雲霧等花樣。

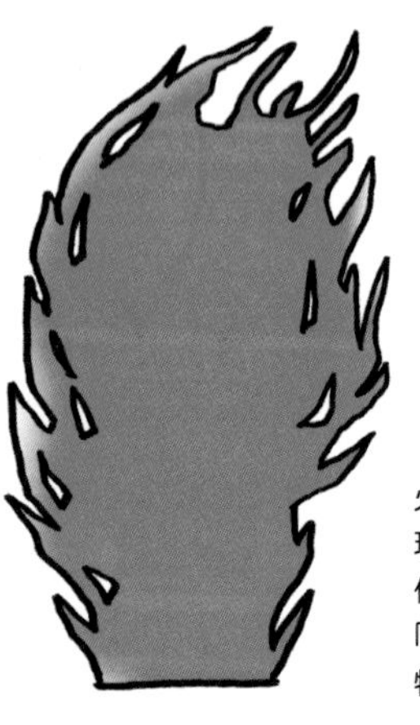

火焰光

火焰熊熊燃燒的意象。出現在忿怒相的明王像中。代表八部眾之一迦樓羅的「迦樓羅焰」是不動明王特有的光背。

飛天光

光背上有小飛天。阿彌陀如來像即為具代表性的飛天光背。

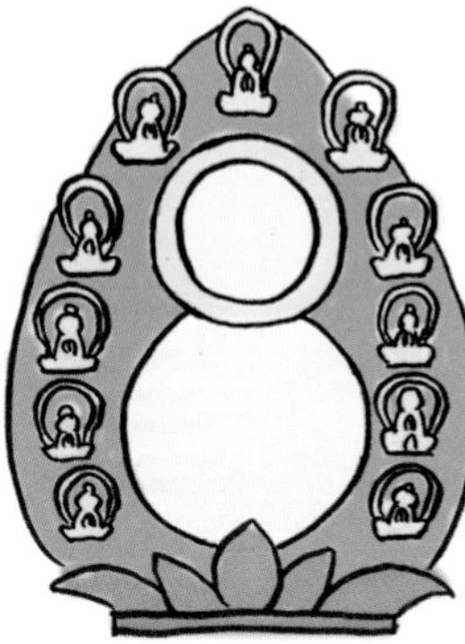

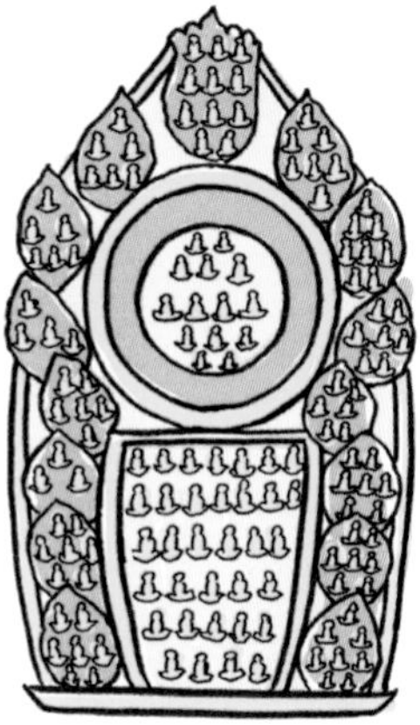

壬生光

京都壬生寺地藏菩薩特有的光背。身光為方形，其上方有二重圓光，從圓中心散發出放射狀的光芒。

千佛光

一面光背中排滿小尊佛像。千佛光呈現出毘盧遮那如來的偉大。

頭光

放射光（筋光）

光芒從中心向外發散，呈現放射狀光芒。可見於阿彌陀如來、觀音菩薩、地藏菩薩等佛像。

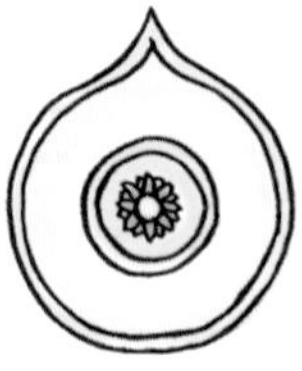

寶珠光

象徵如意寶珠，圓的頂部呈現尖形有如桃子的形狀。所有菩薩像皆多可見，特別盛行於飛鳥時代。

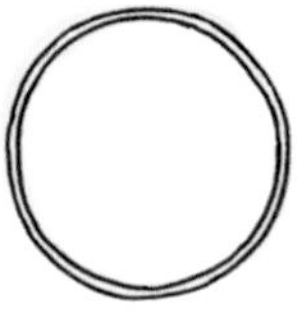

輪光

圓形輪廓的光背。圓輪的寬度從線狀到甜甜圈狀等各種寬度都有。常見於天部，阿彌陀如來來迎圖中的菩薩也可見到輪光光背。

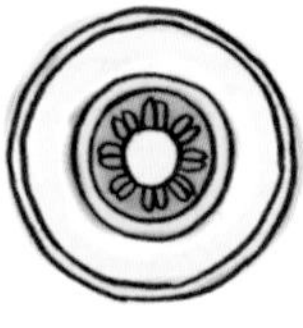

圓光

圓形的光背是頭光的基本型態。圓形中央有蓮花圖案，周邊飾以唐草或放射狀等花樣。常見於地藏菩薩、天部等佛像。

原本指菩提樹下 釋迦所坐的地方

台座最早是表示釋迦所坐的地方。由於具有神聖且堅固的涵義，故又稱「金剛座」或「金剛寶座」。此外，由於釋迦也被喻為獅子，亦稱為「獅子座」。

金剛座或獅子座都意味著釋迦所在的位置，並非特定的台座名稱。

最常見的台座是設計成蓮花形狀的「蓮花座」。

蓮花座

最具代表性的台座形狀。主要用於如來、菩薩及部分的明王像。較常見的是單獨的蓮花形狀，偶爾也看得到從蓮池伸出盛開蓮花的形狀（如奈良法隆寺的阿彌陀三尊像等）。依據蓮花的層數，也稱為三層蓮花或九層蓮花。另外，如奈良東大寺的大佛，其蓮花座只有蓮台、面朝下的蓮瓣（反花）以及框座，稱為「大佛座」。

須彌座

呈現須彌山意象的台座。只用在如來像。箱形的台座有頂板與框座上下相隔，看起來有如漢字的「宣」字，故也稱為「宣字座」。

雲座

雲朵狀的台座。也有雲上面放著蓮台的形狀。呈現佛乘雲來迎的意象。除了阿彌陀如來之外，飛天也多使用雲座。

岩座

表現出自然岩石的台座。明王、四天王、十二神將等呈現忿怒相的天所使用的台座。許多的天都是站在岩座上，同時腳踩邪鬼。

裳懸座

佛像的大衣與裙襬遮住台座的前面，看起來就像衣服下垂的樣子。

瑟瑟座

抽象化的岩座，以四角木材組成的台座。只見於不動明王像。

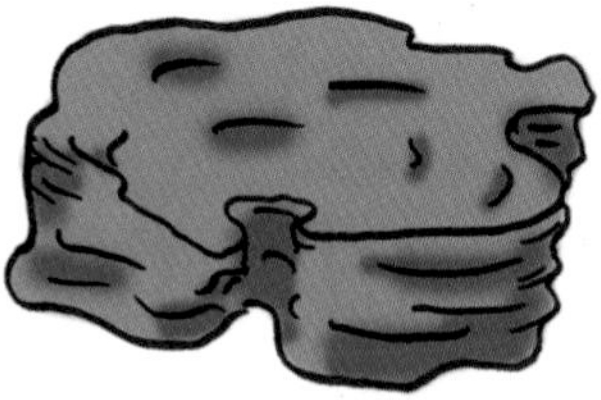

洲濱座

呈現出海水、河水打在岸上的模樣，也是岩座的一種。重疊薄岩板而製成的台座。用在八部眾、阿修羅、十大弟子等佛像。

腳踏蓮花座

雙腳分別踩在兩個小蓮花座上。常見於明王像。

荷葉座

蓮葉向下的形狀。使用在天部的佛像。

印度神聖的動物 成為佛的坐騎

以動物為台座即稱為「鳥獸座」，邪鬼或天在腳底下支撐的，則稱為「生靈座」。佛騎乘的動物都是固定的，但如果是密教傳來之前製作的佛像，也可能沒有騎乘動物。通常動物上方還會放置蓮台。

在印度神聖以視的孔雀、水牛等，也都成為台座，充分顯示受到印度文化的深遠影響。邪鬼活靈活現的神情也值得關注。

獅子

文殊菩薩通常都坐在獅背上的蓮台。獅子代表文殊菩薩的智慧超群。

乘坐的佛

文殊菩薩、五大虛空藏菩薩的法界虛空藏菩薩

象

普賢菩薩坐在六牙白象背上的蓮台。若是普賢延命菩薩，也可見到騎在擁有三顆頭的白象上。

乘坐的佛

普賢菩薩、帝釋天、五大虛空藏菩薩的金剛虛空藏菩薩

水牛

自古以來，水牛在印度就被視為神聖的動物。騎乘水牛也象徵著明王起源於印度。

乘坐的佛

大威德明王、焰摩天

豬

三頭六臂的摩利支天以新月式的姿勢站在豬背上(有些佛像未擺出新月式之姿)。

乘坐的佛

摩利支天

孔雀

孔雀是吃毒蛇的益鳥，也被視為帶來降雨的吉祥鳥，為印度的國鳥。孔雀被神格化就成為明王。

乘坐的佛

孔雀明王、
五大虛空藏菩薩的蓮花虛空藏菩薩

鵝

密教傳來後的四臂梵天，坐在四隻鵝背上的蓮台。

乘坐的佛

梵天、月天

邪鬼

稱為邪鬼的惡鬼代表佛法的敵對勢力。以腳踩的姿勢表示降伏邪鬼。

乘坐的佛

四天王、大元帥明王

地天

地天的雙手撐起兜跋毘沙門天的雙腳。地天的兩腋有尼藍婆、毘藍婆等二鬼支撐著。

乘坐的佛

兜跋毘沙門天

輔佐教化人們的中尊之侍從

一般的脅士，以釋迦如來而言，左邊是文殊菩薩，右邊為普賢菩薩；阿彌陀如來的左邊為觀音菩薩，右邊為勢至菩薩；隨侍在藥師如來兩側的日光菩薩、月光菩薩也是典型的例子。

隨從方面，具代表性的有釋迦如來的八部眾，藥師如來的十二神將，不動明王的八大童子，千手觀音的二十八部眾，以及普賢菩薩的十羅剎女等。

文殊菩薩的隨從

手握著文殊菩薩坐騎獅子之韁繩的優填王、雙手合掌的善財童子、僧侶佛陀波利三藏、持杖的最勝老人等四人，為文殊菩薩的隨從。

不動明王的隨從

不動明王的隨從是八大童子。雙手合掌的矜羯羅童子與手持金剛棒的制吒迦童子稱為二童子，其他還有慧光童子、慧喜童子、阿耨達童子、指德童子、烏俱婆伽童子、清淨比丘等。

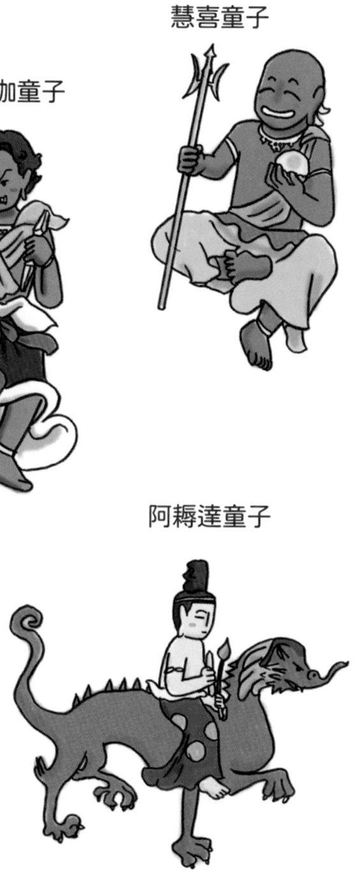

站立的姿勢也呈現佛的性格

佛像有各種姿勢，大致可分為站立的「立像」、坐著的「坐像」，以及橫躺著的「臥像」等三大類。

雖說如此，即使同樣是立像，不同的姿態也反映出佛的鮮明性格。例如，相對於如來與菩薩雙腳併攏站立或單腳稍微往前的穩重氣氛，明王或忿怒型態的天部則採取舉腳等具躍動感的姿勢。

坐像方面，最適合冥想的結跏趺坐則為主流。

立像

名稱	說明
直立像	雙腳併攏直立的姿勢。
斜勢像	單腳稍微向前的「休息」姿勢。
經行像	坐禪與坐禪間的時段，為了消除疲累與睡意而起身緩慢步行，稱為經行。經行像就是呈現此走路姿勢的佛像。
侍立像	身體稍微前傾的姿勢。
丁子立像	右腳高舉的站姿。
舞立像	跳舞的姿勢。

直立姿勢的直立像是立像的基本型態，所有如來、菩薩、不動明王、梵天、帝勢天、吉祥天等即為代表。象徵休息姿勢的斜勢像可見於菩薩，特別是以三尊型態出現的脅士像。經行像的範例有地藏菩薩、阿彌陀如來的來迎圖等。丁子立像或舞立像等呈現動態的佛像，可見於明王、仁王、四天王等，其中藏王權現高舉右腳呈現極具震撼力的氣勢。

坐像

結跏趺坐

打坐時具代表性的坐姿。雙腳盤在大腿上，腳底朝上。這是最穩定的姿勢，所以是適合冥想時採取的姿勢。

結跏趺坐①

降魔座

右腳放在左大腿上，左腳再放在右大腿上。從正面看是左腳在上。多見於如來像。

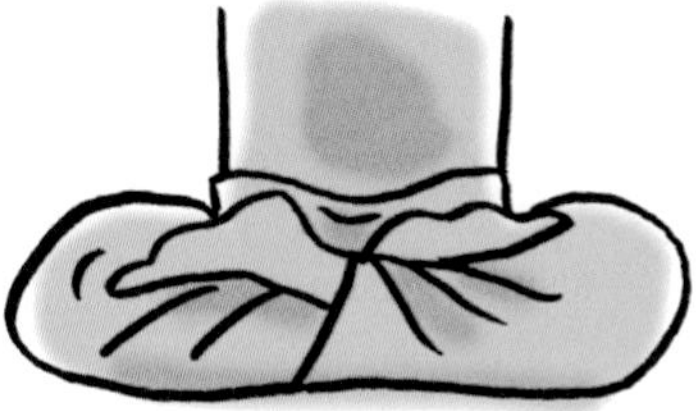

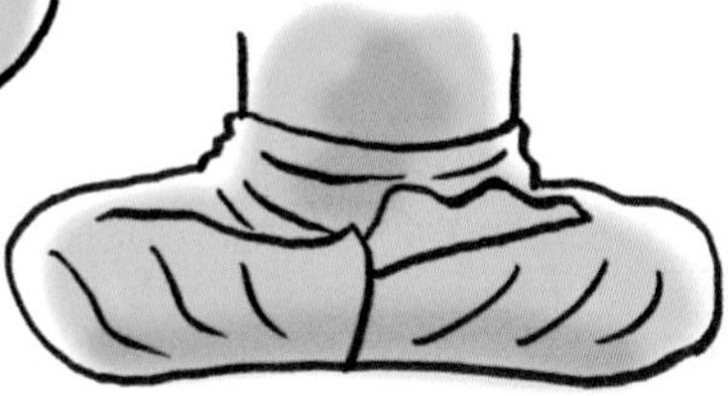

結跏趺座②

吉祥座

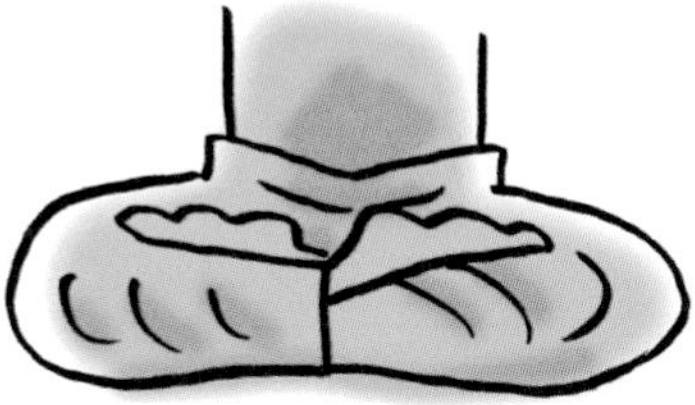

與降魔坐左右相反的坐法，從正面看是右腳在上。也是如來常見的姿勢。

半跏趺座

左右任一腳盤起放在另一腳大腿上。常見於菩薩像，如來像較少見。

倚座

坐在台座上的姿勢。日本佛像不多見。

倚座①

善跏倚座

坐在台座上，雙腳併攏踩在地面。如來有這類的姿勢。

倚座②

半跏倚座

右腳彎曲置於左膝上，僅左腳踩地。只有菩薩有這樣的姿勢，知名的彌勒菩薩半跏思惟像就是這種姿勢。

輪王座

坐在地上立起右膝，兩腳掌貼合的姿勢(也有的佛像沒有貼合)。如意輪觀音與部分的馬頭觀音可見此坐姿。

跪座

跍著腳尖，膝蓋著地的坐姿。臀部放在兩個腳後跟上。阿彌陀如來的脅士可見此姿勢。

蹲踞座

膝蓋與臀部都沒有碰觸地面的半蹲姿勢。

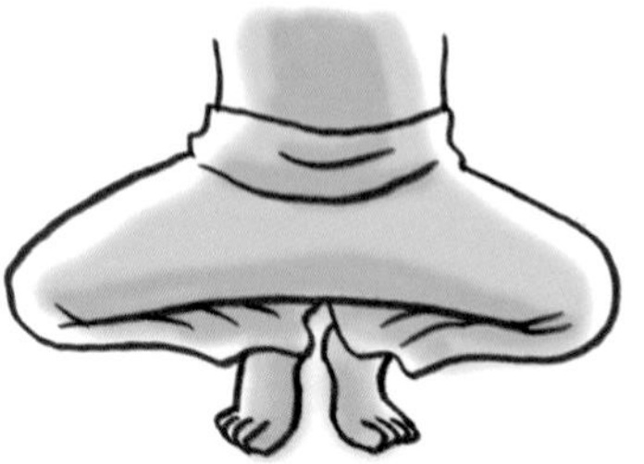

遊戲座

沒有盤腿的輕鬆姿勢。有坐在台座上的，也有坐在地板上的。

箕座

側坐。辯才天的坐姿。

臥像

身體以右側臥躺並以右手為枕。雙腳併攏，左手貼著身體輕放。這是釋迦進入涅槃後的姿勢。

寺院篇

歷史與功用

日本多元發展的佛教

日本寺院除了供奉佛像、舉辦消災解厄等法會之外，也會替轄內的家族舉辦婚喪喜慶等活動。不過，目前這樣的型態都是江戶時代建立檀家制度後才形成的。隨著歷史的變遷，寺院的型態也隨之改變。

寺院源於佛教發祥地，也就是印度的精舍。這是僧侶學習佛法、打坐冥想的地方。佛陀入滅後，建造了存放佛舍利（釋迦遺骨）的佛塔。西元一世紀後半，人們開始塑造佛像，建造供奉佛像的佛殿；如此一來，就建立了僧院、佛塔、佛堂等古代印度寺院的基本架構。

六世紀中葉左右，佛教傳入日本，首先建立的是安放佛像的佛殿，在日本稱為堂。日本最古老的正式寺院是奈良的飛鳥寺（法興寺）。

奈良時代，為了祈求鎮護國土，於是各地建立了國分寺、國分尼寺，寺院也轉變為僧侶誦經的場所。到了平安時代，比叡山、高野山建立寺院，寺院則傾向為修行場所。

後來有的寺院在政治上擁有發言權，或是因廢佛毀釋等運動而導致存亡危機等，各寺產生自己特有的文化，並持續至今。

基本結構

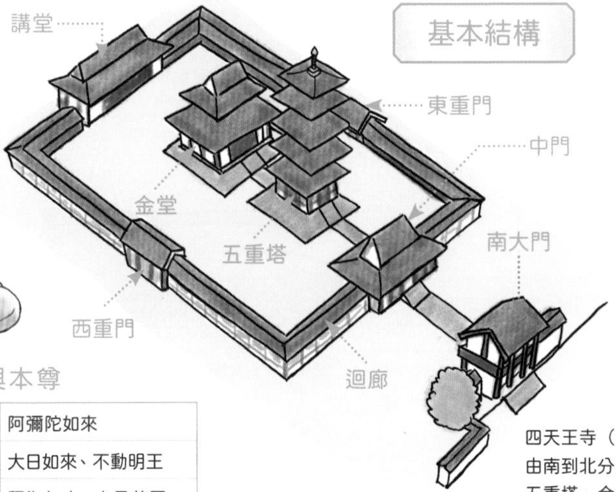

四天王寺（大阪）的寺院境內，由南到北分別是南大門、中門、五重塔、金堂、講堂等建築物，為日本最古老的建築風格之一。在中國的思想裡，天子坐北朝南，因此佛像也面向南安置，故南邊建南大門。

佛教的宗派與本尊

浄土宗、浄土眞宗	阿彌陀如來
眞言宗	大日如來、不動明王
日蓮宗	釋迦如來、大曼荼羅
曹洞宗、臨濟宗	釋迦如來
天台宗	釋迦如來、藥師如来

※本尊只舉代表性的例子

穿過山門就等於進入寺院的聖地

建築風格

建於寺院入口處的門有各種名稱，一般稱為山門。由於寺院建在山上，並取了所謂山號的別稱，「山門」的名稱也就固定下來了。禪宗以「三門」表示透過空、無相、無願達到開悟的境界，有時也意味著「三解脫門」。其他經常看到的有仁王門（二王門），擔任守衛的金剛力士像分別站在左右兩邊；敕使門則是位高者（天皇等）或其隨從專用的門。

關於建築風格，最常見的是四腳門，也就是左右加上前後，共計有四根支撐用的門柱，以及兩層樓的二重門、樓門，或是屋頂呈現拱形弧度，所謂唐破風格的唐門等。

唐門

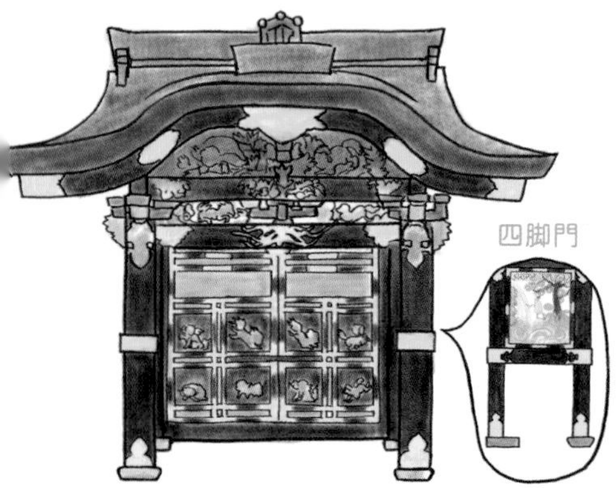

西本願寺唐門（京都），國寶。桃山時代建造的四腳門。門上雕刻了唐獅子與麒麟等動物。門飾豪華，就算看上一整天也不厭膩，故也稱「終日門」。所謂唐門指的是屋頂呈現拱形弧度，兩端翹起的唐破門。

二重門

瑞龍寺山門（富山）。國寶。江戶後期重建。為入母屋造[1]樣式、杮葺的屋頂、三間一戶[2]。所謂二重門指二層樓建築，上、下層都有屋頂的門。

※ 1〔譯註〕即歇山頂。

※ 2〔譯註〕所謂的「間」指建築物牆面被柱子分割出的區域，「戶」則指可供通行的門洞。三間一戶指該牆面分割成了三個區域，但只有其中一個區域可供通行。

門的種類

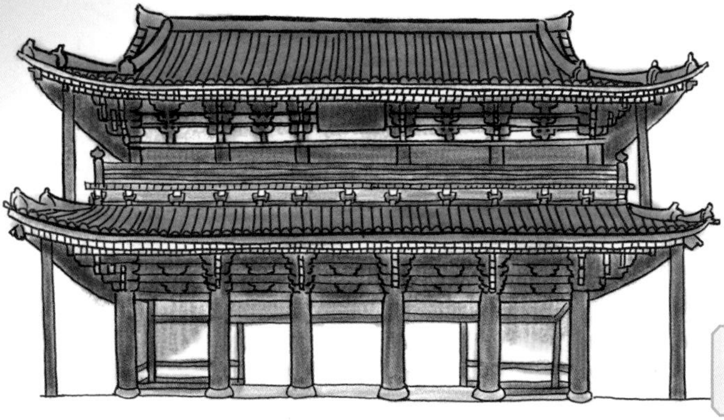

山門（三門）

東福寺三門（京都）。國寶。室町時代重建的二重門。為日本現存禪宗寺院的三門中，最古老也最大的一個。建築風格採取了禪宗風格（唐風）、和風、大佛風。內部飾以畫僧吉山明兆繪製的色彩繽紛圖畫。

仁王門（二王門）

金峯山寺仁王門（奈良）。國寶。室町時代重建。入母屋造樣式、本瓦葺、三間一戶的二重門高約20公尺。左右各有高約5公尺的金剛力士像。

勅使門

大覺寺敕使門（京都）。江戶時代重建。切妻造[1]的唐門（四腳門）。全體為素木造，只有唐破風格的部分上漆並塗上金粉與金箔作為裝飾。

※ 1〔譯註〕即懸山頂。

以供奉本尊的本堂為中心設置堂塔

寺院內格外引人注目的塔，是寺院建築架構中最為關鍵的。塔的起源是印度存放佛舍利被稱為窣堵波的寶塔。初期的塔實際上是用作存放佛舍利，不過隨著佛教傳入中國、東南亞及日本，演變成以寶石或珍貴的石頭取代佛舍利。

在日本，三重塔、五重塔、多寶塔為主流，木造的塔樓也獲得外國人極高的評價。

寺院的核心建築就是稱為本堂的正殿，供奉著民眾信仰的本尊。根據宗派的不同有時也稱為金堂或佛殿。通常本堂後方的場所就是講堂，為僧侶說法、舉辦法會的地方。

庫裡原本指寺院的廚房，現指住持及其家族的住所。

在禪寺中，住持生活的居室稱為方丈，僧侶一邊過著團體生活一邊修行的地方稱為僧堂。其他還有存放經典的經藏、僧侶用餐的食堂等。

五重塔

琉璃光寺五重塔（山口）。國寶。為日本三大名塔之一。室町中期建造。檜皮葺，高約31公尺。基本上屬於和式建築風格，不過也包含了逆蓮頭等部分禪宗風格。所謂五重塔乃指有五層屋頂的寶塔，也代表地、水、火、風、空等五大思想。

三重塔

法起寺三重塔(奈良)。國寶。飛鳥時代建立，為日本現存最古老的三重塔。屋頂為本瓦葺，高約24公尺。三間的牆面隔間為典型型態，不過此塔的特徵是第一層與第二層為三間，只有第三層為二間。與法隆寺的五重塔多有類似之處。

多寶塔

淨土寺多寶塔(廣島)。國寶。鎌倉時代後期重建。本瓦葺，高約20公尺。有如青蛙蹲踞形狀而稱為蛙股的鮮豔雕刻托柱等裝飾，非常華麗。塔內供奉大日如來與脅士。

本堂

太山寺本堂(兵庫)。國寶。鎌倉時代建造。入母屋造，銅板葺。隨著佛教普及於大眾，本堂空間也變大，可以說太山寺的本堂為此潮流的先驅。

講堂

唐招提寺講堂(奈良)。國寶。奈良時代由平城宮的東朝集殿移到唐招提寺，此時屋頂從切妻造改建為入母屋造。鎌倉時代也曾大改建，以致失去原本樣貌。唯一留存的平城宮還保留宮廷建築樣式，極為珍貴。

本堂	安放本尊的建築物。眞言宗稱為金堂，淨土宗稱為御影堂，禪宗稱為佛殿，眞宗稱為阿彌陀堂，天台宗稱為中堂，名稱各有不同。
講堂	舉辦講經、法會或活動的地方，禪宗稱為法堂。
庫裡	原本是寺院的廚房，現指住持與其家族的住所。
方丈	禪寺中住持的起居室。
食堂	僧侶用餐的建築物，禪宗稱為齋堂。
經藏	收藏經典的建築物。
僧堂	禪寺中，僧侶透過團體生活修行的地方。
東司	在禪寺指廁所。
塔頭	本寺境內的小院，也稱為子院或脇寺。

透過聲音與香氣感受寺院的風雅

梵鐘是寺院的象徵之一。原則上，早晚課與舉行法會、活動前會撞鐘。昔時是以撞鐘的方式報時或通知地區居民重要訊息。另外，撞鐘不僅是種訊號，聽到鐘聲的人也都能夠獲得脫離苦難、開悟等功德。

堂前香煙裊繞的香爐，也是寺院才有的光景。點線香是為了透過香來淨化自身與周圍環境。由此也衍生出以香煙清淨身體可保佑身體健康、疾病痊癒的信仰。

梵鐘

東大寺梵鐘（奈良）。國寶。日本三大梵鐘之一。高約4公尺，重26噸，被稱為大鐘。奈良時代為了配合東大寺大佛開眼（開光）供養而鑄造。鐘樓亦是國寶，是鎌倉時代由禪師榮西重建。

香爐

六角堂大香爐（京都）。由三個邪鬼支撐大缽，是有邪鬼腳的戶外香爐。邪鬼的表情幽默。奈良東大寺的大佛殿與二月堂都有同類的香爐，非常出名。

善光寺大香爐（長野）。三隻獅腳支撐著香爐，頂端有獅子蹲踞。大香爐中央刻有立葵的寺紋。東京豪德寺的香爐上也有獅子（石犬），是有邪鬼腳的戶外香爐。

Chapter

2

如來的世界

如來源自於佛教始祖——釋迦，亦稱佛陀、佛。
然而，當大乘佛教盛行起來，
人們相信在釋迦之前就有如來存在了，
而釋迦是受到如來的指導而開悟的。
所以後來出現了過去七佛的觀念。
七佛即為毘婆尸佛、尸棄佛、毘舍浮佛、
拘留孫佛、拘那含牟尼佛、迦葉佛，以及釋迦牟尼佛。
在日本，幾乎沒見過釋迦以外其他六佛的佛像。

釋迦如來

從苦行走向開悟的眞實人物。佛教的起源

佛教成立初期是禁止為釋迦立像的。釋迦入滅後，蓮花、法輪與佛塔成為了禮拜的對象。再經過一段時間，人們開始塑造佛像，即釋迦如來像。

釋迦本名喬達摩．悉達多，是誕生於尼泊爾藍毗尼花園的王子。釋迦從摩耶夫人右腋誕生後，馬上就走了七步並以手指天，說：「天上天下唯我獨尊」。

身為王子的釋迦雖然結婚、生子，卻總是為人生中的苦難、世間的無常而憂心，於二十九歲時出家。然而在山中經歷了六年嚴苛的苦行生活，卻未因此開悟，身體陷入極度衰弱的釋迦於是返回故里。身體恢復後，在菩提伽耶的菩提樹下冥思，進而悟道成佛。

這不是電棒燙
全然消除信眾的恐懼與拘束，是令人感到安心的手勢
全身發出閃耀的金色。好刺眼～

Profile

梵語	Siddhārtha Gautama（喬達摩．悉達多，本名）
世界	娑婆世界
脅士	文殊菩薩、普賢菩薩
眷屬	八部衆、十六善神、十六羅漢

八相代表人生八個重要階段。象徵的佛畫與佛像眾多

由於悟道的內容深奧難懂，釋迦起初打算只放在自己心中。梵天因此出現，力勸釋迦推廣佛法。釋迦受到梵天的熱情而感動，下定決心為眾生說法。這段故事就稱為「梵天勸請」。

另外，釋迦最開始只為修行的同伴說法，稱為「初轉法輪」。同伴們後來也成為釋迦的弟子。接著釋迦與弟子在印度各地傳教說法，最後在拘尸那揭羅城的沙羅雙樹下涅槃。

釋迦的一生中有幾個重要的場面，稱為「釋迦八相」[1]，分別是①降兜率（從天界來到人界）、②託胎（入胎）、③降生、④出家、⑤降魔（不屈於惡魔一心修行）、⑥成道（開悟）、⑦轉法輪（說法）、⑧入滅（涅槃）。

釋迦的外形具備了所謂的「三十二相八十種好」（參照十四頁）。

※ 1「釋迦八相」的定義也有其他各種說法。

法隆寺

奈良

擁有的國寶、重要文化財，超過二千三百件

Profile

所在地	奈良縣生駒郡斑鳩町
本尊	釋迦如來、藥師如來
知名活動	法會
名產	柿子

擁有世界最古老木造建築群的法隆寺，於一九九三年成為日本第一個入列世界文化遺產[1]的建築物。其所有的國寶數量為日本寺院中最多，建築物共有十八棟，美術工藝品則有二十件。

法隆寺的開創者為聖德太子。用明天皇為了祈求自己病癒而發誓建立寺院，在其崩御後的西元六〇七年，其子聖德太子與推古天皇完成了用明天皇的心願。本尊的釋迦如來也於同時[2]安置。

然而，根據日本現存最早的正史《日本書紀》記載，六七〇年，法隆寺因火災全毀。關於重建之期至今仍眾說紛紜。

法隆寺分為以金堂與五重塔為中心的西院伽藍，以及擁有八角圓堂夢殿的東院伽藍。寺院內散發出一千三百年的歷史氛圍。

※1「法隆寺地區的佛教古跡」，法隆寺的四十七棟建築物與法起寺的三重塔都被列入世界文化遺產。

※2關於年代，眾說紛紜。

供奉釋迦如來的寺院

興福寺

一生一定要參拜一次，擁有日本罕見佛像的寶庫

奈良

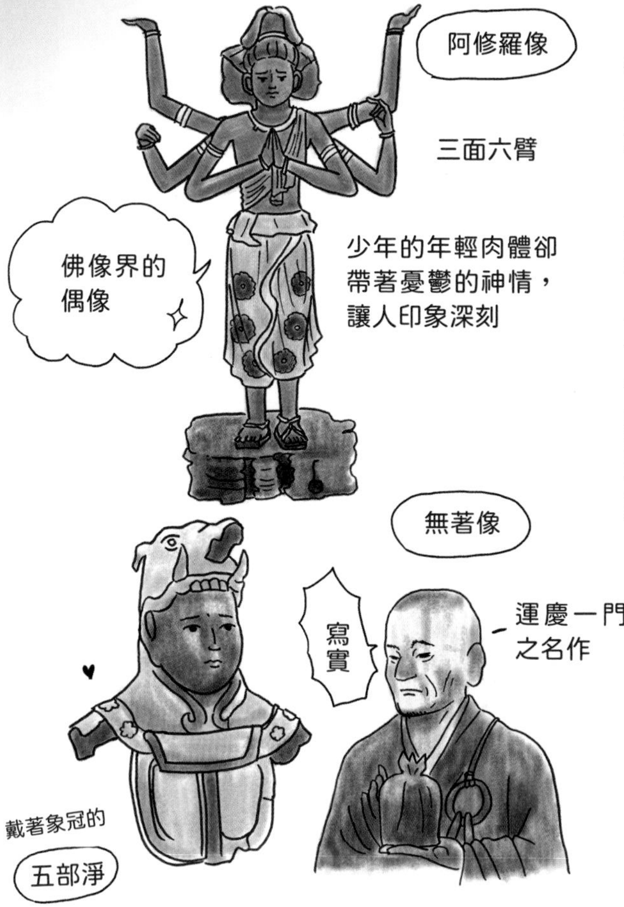
阿修羅像
三面六臂
少年的年輕肉體卻
帶著憂鬱的神情，
讓人印象深刻
佛像界的
偶像
無著像
寫實
運慶一門
之名作
戴著象冠的
五部淨

Profile

所在地　奈良縣奈良寺

本尊　釋迦如來

知名活動　薪御能[1]

紀念品　精進香鬆、興福寺國寶館的阿修羅周邊商品

興福寺[2]林立著充滿生命力的珍貴佛像。八部眾裡的一尊美少年阿修羅像極為出名。寺內收藏了豐富多彩的國寶雕刻，例如每一尊都各自呈現不同性格的十二神將、帶著幽默神情的天燈鬼與龍燈鬼，以及白鳳文化時期稀少的作品——只有頭部的國寶級佛頭等。

提到興福寺的起源，本來是藤原鎌足夫人為了祈求夫君疾病痊癒而建的山階寺。七世紀後半移建至飛鳥地區，改稱為廄坂寺。後來為了配合平城遷都，鎌足次子藤原不比等把廄坂寺移到現在的位置，並改名為興福寺。作為藤原氏宗族寺院的興福寺雖然獲得勢力且繁榮發展，但還是難逃數次的災禍，一七一七年失去大部分的伽藍。經過三百年左右，終於在二〇一八年重建中金堂。

※1在戶外燃燒的柴火前表演能劇的活動。

※2列為「古都奈良文化財」，一九九八年列入世界文化遺產。

供奉釋迦如來的寺院

福井

永平寺

建於深山的幽玄大殿，自古傳承的嚴謹修行

象徵修行開始的門
進入永平寺修行之際
在門前排成一列

Profile

所在地　福井縣吉田郡永平寺町

本尊　釋迦如來、彌勒佛、阿彌陀如來

知名活動　大燈籠放流

經典名產　芝麻豆腐

曹洞宗大本山永平寺，佇立在擁有樹齡超過六百年茂盛老杉的靜謐山中。自曹洞宗開山祖師道元於一二四四年開山以來，永平寺就是遵守嚴格戒律的禪坐修行道場。道元制定的規範涵蓋了飲食、就寢、排泄、洗臉、行為舉止等。在這裡，日常的各種行為就等於修行。

三十三萬平方公尺的建築境內，分布著包含主要設施七堂伽藍[1]的七十多棟建築物。永平寺是少數還保有禪宗正統七堂伽藍規格的寺院。最核心的部分是佛殿，安放本尊。雲水[2]生活、用餐與坐禪修行的地方稱為僧堂，僧堂為三默道場（禁止私語）之一，另外兩處則為東司（廁所）與浴室。

※1參照一二三頁「瑞龍寺」。
※2在永平寺修行的僧侶稱為「雲水」。

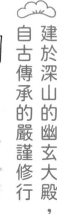

供奉釋迦如來的寺院

羅漢寺

在此可找到各種神情，充滿人性化的羅漢像

大分

釋迦如來坐像的周圍

沿著岩壁建造的地藏堂

Profile

所在地	大分縣中津市
本尊	釋迦如來
知名活動	焚燒祈福飯勺
經典名產	芥末香菇、蕎麥饅頭

羅漢寺位於觀光景點耶馬溪旁羅漢山的山腰。宛如沿著岩縫打造的參道直通本堂，途中的岩窟內供奉的石佛超過三千七百尊。據傳最初西元六四五年印度的法道仙人在此山修行，一三三八年圓龕昭覺在岩屋祭祀十六羅漢並開創了智剛寺（後改稱為羅漢寺）。

無漏窟[1]的五百羅漢像有七百多尊，一三五九年來自漢土的僧侶——逆流建順與圓龕昭覺，只花了一年的時間就打造完成。開眼供養法會有多達千名僧侶參加。另外，千體地藏與十王尊是室町時代的普覺禪師所雕刻的。

各處可見釘在柱上的飯勺，據說是從盛飯的動作，日文發音轉為「實現願望」的涵義。

※　1「無漏」指沒有煩惱的世界。

阿彌陀如來

左右分別有觀音菩薩、勢至菩薩隨侍在側，承諾往生極樂世界

念誦「南無阿彌陀佛」就能往生極樂淨土的信仰本尊，阿彌陀如來。

阿彌陀如來原本是印度的王，聽了世自在王如來的說法後頓悟，於是捨去世間名利出家，成為名為法藏的修行僧。受法藏懇求傳授佛法的世自在王如來，示現了高達二百一十億的各種佛世界。在那個世界中，法藏耗費五劫的無止盡時間，深究所謂的理想世界，這段過程稱為「五劫思惟」。

在五劫思惟的最後，法藏立下「四十八願」，發誓實現此四十八願並開悟，然後成佛。這四十八願中最重要的是第十八願「念佛往生願」，意思是念誦佛號者將可往生到極樂淨土。

隨著平安時代流行末法思想[1]，阿彌陀如來信仰也以貴族為中心而

ok
雖然手勢與 OK 相似，不過意思是「我來接你了喲～」
眉間白毛看似放出光芒……
台座是可愛的蓮花座

Profile

梵語
Amitāyus 或 Amitābha

世界　西方極樂淨土

脅士　觀音菩薩、勢至菩薩

傳播開來。鎌倉時代，法然大師成為淨土宗的開山祖師，其弟子親鸞建立淨土眞宗，阿彌陀如來信仰也隨之普及一般大眾。

淨土信仰相信人臨終時，阿彌陀如來將前來接引，不過接引分為九種品位，稱為「九品」。所謂「九品往生」指人會因生前的行為與功德而決定往生的品位。首先大致分為上品、中品、下品，各品再各自細分為上生、中生、下生。也就是說，最高品位為「上品上生」，最低的則為「下品下生」。不同品位有不同的「九品來迎印」，每個人臨終時由結著符合自己品味手印的如來迎接往生。

阿彌陀如來的佛像形態與釋迦如來幾乎相同，為通佛相（如來的基本型態）。衣服多為偏袒右肩，也看得到通肩的型態，來迎印的印相為其特徵。不過，久遠一點的佛像也有結施無畏印、與願印等手印。結說法印及定印的佛像出現之後，才出現結來迎印的佛像。

九品來迎印

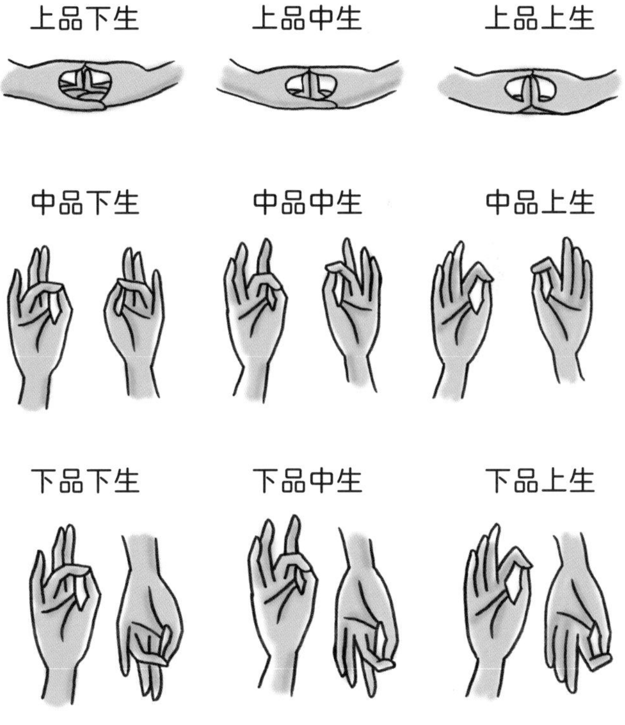

※1釋迦入滅後，分為正法、像法、末法等三個時代。進入末法時代後，佛法將逐漸衰微，人或世界也處於最壞的時代。

平等院

末法時代中出現的優雅極樂淨土

京都

很常見到的（那個）圖像

當時的色彩就已經如此鮮豔

Profile

所在地	京都府宇治市
本尊	阿彌陀如來
知名活動	關白忌
紀念品	雲中供養菩薩周邊商品

大家熟悉的日幣十圓硬幣上的平等院鳳凰堂，就是從鳳凰展翅的外觀而命名的。平等院[1]本來是源重信轉讓給藤原道長的別院。後來道長把此別院給了身居關白職位的兒子藤原賴通，後者於西元一〇五二年將此處改成寺院。賴通在隔年建造了淨土式庭園，在池中央建造阿彌陀堂[2]。後來雖經歷無數次的祝融之災，鳳凰堂卻總是奇蹟似地倖免於難，當時的建築物與佛像皆保留至今。

本尊阿彌陀如來是知名佛師定朝的作品，除了這件之外的其他佛像則無法確定是否為定朝所作。寄木造[3]是定朝廣泛使用的技法。鳳凰堂中還有演奏樂器、舞蹈等五十二尊生動的雲中供養菩薩，全都為國寶。

※1「古都京都文化財」之一，於一九九四年列入世界文化遺產。

※2 鳳凰堂創建當時的名稱。

※3（譯註）把多根木材組合成佛像外形，然後再使用塑形、修飾上色等技法，可快速塑造大型佛像。

供奉阿彌陀如來的寺院

善光寺

長野

總檜皮葺屋頂的國寶級本堂，江戶中期的代表性佛教建築物

本堂的屋脊形狀類似撞鐘用的撞木

是祕佛！
善光寺風格的阿彌陀三尊像
雙手手掌水平交疊於胸前的「梵篋印」
伸出食指與中指的「刀印」
勢至菩薩
觀音菩薩

Profile

所在地	長野縣長野市
本尊	阿彌陀如來
知名活動	早課、佛珠加持
經典名產	御燒餡餅、八幡屋礒五郎七味粉

善光寺是日本國土罕見的無宗派分別的寺院。自古以來就主張不分宗派，也不分男女，所以極受平民百姓喜愛，民間甚至流傳「再怎麼遠，人生也要參拜一次善光寺」。

根據《善光寺緣起》的記載，善光寺約創建於一千四百年前。本尊的一光三尊阿彌陀如來是從印度經由百濟來到日本，為日本最古老的佛像。光背的中央是阿彌陀如來，其右手邊為勢至菩薩，左手邊為觀音菩薩的形式，稱為善光寺風格。此本尊為絕對祕佛，不公開給一般人參拜。

不過，每七年一次的御開帳則會公開前立本尊，也就是本尊的分身。本堂前面有迴向柱，以「善之綱」的繩索與阿彌陀如來連接。觸摸這個迴向柱就如同觸摸到前立本尊，一樣會獲得如來的加持。

中尊寺

松尾芭蕉形容為「光堂」的全金箔金色堂

岩手

金色堂
亮晶晶
完全就是奧州藤原氏的權力象徵
除了木瓦屋頂以外，都是閃亮的金黃色

須彌壇內部
圓柱上有唐草花紋與菩薩的姿態
別處看不到這麼豪華的本堂，值得一看

Profile

所在地	岩手縣西磐井郡平泉町
本尊	釋迦如來
知名活動	春季藤原祭典
紀念品	衡年茶、穀寶米

二〇一一年，平泉被列入世界文化遺產[1]，中尊寺為其中的資產之一。西元八五〇年，由慈覺大師圓仁創建，十二世紀初奧州藤原氏的第一代祖先清衡建造堂塔。清衡為了祭奠戰亂中的犧牲者，企圖建設一個理想國度、佛國淨土。

因為出產黃金等緣故而獲得權力的藤原氏族，建立了一個跨越百年左右的太平時代。不過後來被源賴朝消滅，中尊寺也隨之沒落。一三三七年發生火災，許多建築物與寶物遭到焚毀。

其中殘留的金色堂是象徵當時榮華光景的珍貴國寶。建築物全面貼上金箔，柱子、須彌壇則採用螺鈿工藝，以夜光貝來裝飾。泥金畫與鏤空金屬件等散發出豪華氣派的氛圍。金色堂的中央供奉阿彌陀如來，下面有藤原氏四代長眠於此。

※1以「呈現平泉——佛國土（淨土）的建築、庭園及考古學遺跡群」列入。

供奉阿彌陀如來的寺院

仁和寺

知名和歌作品歌頌的「御室櫻」為國家級名勝

京都

阿彌陀如來像
這是平安時代前期密教佛像的特色
高肉髻及細長眼睛
手結阿彌陀定印

御室櫻
以晚開而出名

金堂
江戶時代
移建慶長建造的御所內之紫宸殿

Profile

所在地	京都府京都市右京區
本尊	阿彌陀如來
知名活動	名寶展
紀念品	麩仙貝

仁和寺[1]讓許多人回想起吉田兼好法師的隨筆作品《徒然草》中的一節「仁和寺的法師……」，是宇多天皇於仁和四年（八八八年）創建，並以年號命名寺號。仁和寺也稱為「御室御所」，因為宇多天皇讓位後就在仁和寺剃度出家。

不過，十五世紀應仁之亂時，仁和寺幾乎全部燒毀，荒廢了好長一段時間。後於江戶時代重建，彼時建造的國寶金堂及其他建築物皆保存至今。

創建時的本尊國寶阿彌陀如來，以及脅士勢至菩薩、觀音菩薩，逃過了祝融之災，也是手結定印的阿彌陀如來像最古老的。

仁和寺還擁有其他豐富而珍貴的文化財，如國寶孔雀明王佛畫、平安時代的愛染明王像及多聞天立像等。

※1「古都京都文化財」之一，於一九九四年列入世界文化遺產。

藥師如來

手上的藥壺為其特徵。能帶給世人現世利益而大受歡迎

藥師如來在修行期間曾立下「十二大願」，發誓要成佛並救濟眾生。十二大願的內容主要是病癒健康、飽足美食、穿著華服等，讓信眾處於現世中能夠心想事成。

除了死後的救渡，還給予現世中的利益功德，如來信仰獲得信眾歡迎，在飛鳥時代廣為普傳。

藥師如來像的型態基本上是通佛像，左手持藥壺。只是古老的藥師如來像手上並無藥壺，而是結施無畏印、與願印，乍看與釋迦如來並無區別。手持藥壺的佛像是平安時代之後才出現的。

每月初八是「藥師佛緣日」，可在這一天祈福累積利益功德。

分辨如來
並不容易～
不過
可以祈求
治療疾病，
恢復健康

看到手持藥壺，就要想到「藥師如來」！

Profile

梵語 Bhaiṣajyaguru

世界 東方淨琉璃世界

脅士 日光菩薩、月光菩薩

隨從 十二神將

供奉藥師如來的寺院

滋賀

延曆寺

出現多位知名高僧，天台宗的總本山

雖是重建的建築物，但還是國寶

Profile

所在地	滋賀縣大津市
本尊	藥師如來
知名活動	御修法大法
紀念品	叡山香、比叡豆皮

延曆寺[1]位於比叡山上，自古以來就吸引了廣大信眾前往參拜。開山祖師是傳教大師最澄，於西元七八八年建立一乘止觀院（後來的根本中堂）。最澄主張在菩薩僧[2]的養成階段中，必須接受專研學問與修行的十二年籠山義務教育，並且訂下這樣的制度。在此制度下修行的人物有法然、親鸞、榮西、道元，以及日蓮等高僧。

一五七一年因援救了與織田信長敵對的淺井、朝倉兩軍，慘遭信長火攻全山。全盛時期擁有三千寺院，數度祝融之災後，現存堂塔僅一百五十座。

總本堂，也是國寶的根本中堂供奉本尊藥師如來，據傳是最澄的作品。本尊之前吊掛著最澄點燃的「不滅法燈」。

※1「古都京都文化財」之一，於一九九四年列入世界文化遺產。

※2眞正的指導者。

供奉藥師如來的寺院

藥師寺

相隔一千三百年的新舊二塔並列

奈良

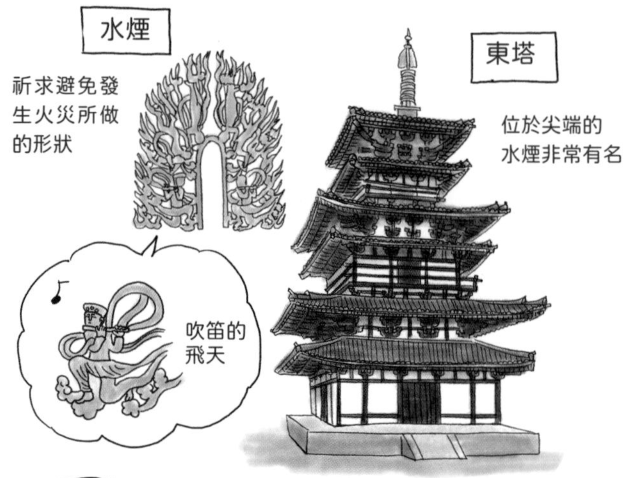

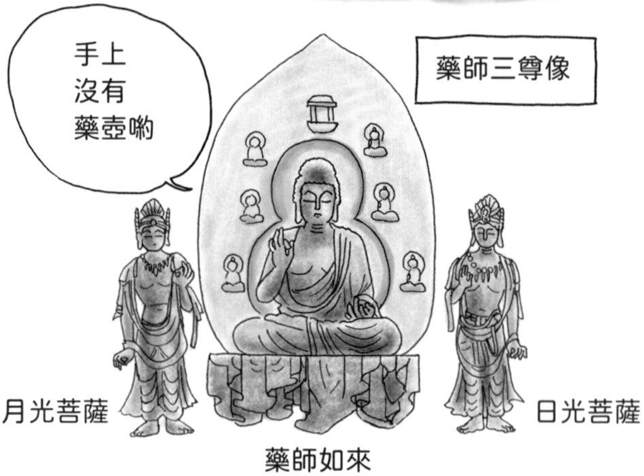

Profile

所在地	奈良縣奈良寺
本尊	藥師如來
知名活動	花會式（修二會）
經典名產	藥師味噌、奈良醃漬食品

藥師寺[1]的東塔看起來像是六重塔，實為三重塔，這是因為各層都加上了裝飾用的屋簷「裳階」，所以三層樓的建築物看起來有如六層樓。大小六層屋頂均衡地層疊上去，外形極為優美而獲得讚賞。藥師寺最早是天武天皇為了祈求皇后（後來的持統天皇）疾病痊癒，而於西元六八〇年發願建造的。比較有力的說法是從藤原京[2]遷都平城京時，藥師寺移到了現址，而堂塔則為新建的。東塔完成於七三〇年。由於歷經數次的倒塌、火災，彼時的建築物只剩東塔。

本尊的藥師如來是白鳳時代塑造的國寶，左右有日光、月光菩薩等脅士。佛像的光背飛舞著七佛藥師，手上則無藥壺。

※1「古都奈良文化財」之一，於一九九八年列入世界文化遺產。

※2跨越現在奈良縣橿原市與明日香村的地區。

供奉藥師如來的寺院

立石寺

松尾芭蕉的俳句，「寂靜呀 滲入岩石的 蟬聲」之舞台

山形

登上百丈岩就會看到開山堂與納經堂

從彌陀洞往上看更壯觀！！

Profile

所在地	山形縣山形市
本尊	藥師如來
知名活動	開山忌
經典名產	御燒餡餅、八幡屋礒五郎七味粉

以「山寺」聞名的寶珠山立石寺，是西元八六〇年慈覺大師圓仁接受清和天皇敕命而建立的。各堂散落在傾斜的山壁上，要走到山頂上的奧之院得先登上千階石梯。由登山口進入，最先映入眼簾的根本中堂是立石寺的本堂，其中點著從比叡山分來的不滅法燈，並供奉據說是圓仁雕刻的藥師如來坐像。沿著參道有松尾芭蕉產生俳句靈感的「蟬塚」，以及站立在仁王門兩側，據傳為佛師運慶的弟子所作的仁王像等，都是知名景點。

奧之院是如法寫經行[1]的道場。旁邊的大佛殿供奉著高五公尺的金色阿彌陀如來。

最後，從峭立於崖上的五大堂眺望絕佳光景，是參拜此寺必看的景觀。

※1其法以不使用膠的墨與植物製成的筆所寫的「石墨草書」，以及每寫一個字就做三個禮拜的「一字三禮」。

毘盧遮那如來

位於蓮華藏世界之頂端，光芒普照天下

為了造就代表奈良東大寺的大佛，毘盧遮那如來像被塑造成巨大佛像，理由是毘盧遮那如來居於蓮華藏世界中。此如來坐在千片花瓣的蓮花座上，每一片花瓣中，又有一尊大釋迦坐在千片花瓣的蓮花座上，蓮台的花瓣又各自有百億的佛世界，其中各有一尊小釋迦。由於治理如此天文學規模的世界，所以佛像也就變得巨大。

佛教稱實際示現於現世的佛為「應身佛」，把佛教教義神格化的為「法身佛」，後者的毘盧遮那如來就是本佛，前者則是釋迦，被視為法身佛的分身。兩者緊密不可分。

佛像的外貌都是通肩的通佛像。無數小釋迦排列的光背——千佛光令人驚嘆。

坐在千片花瓣的蓮花座上
花瓣裡有小尊佛像，數量高達百億以上！?

陣容龐大！
連好萊塢電影也
望塵莫及……

Profile

梵語
Vairocana

世界　蓮華藏世界

供奉毘盧遮那如來的寺院

東大寺

奈良的象徵，可看大佛與鹿的古寺

奈良

台座從天平時代創建當時就保存至今

ズーン
盧遮那佛意思是「光輝閃耀的佛」

The 金剛力士像
為運慶、快慶等鎌倉時代名佛師的傑作
吽
阿

Profile

所在地	奈良縣奈良市
本尊	毘盧遮那佛
知名活動	大佛淨身、籠松明（修二會）
紀念品	東大寺博物館的佛像雕刻品

因奈良大佛而聞名於世的名剎東大寺[1]。大佛稱為盧舍那佛（毘盧遮那如來的別名），也是《華嚴經》中的主佛。聖武天皇為了祈求國土平安，花三年時間研讀《華嚴經》後，西元七四三年下令塑造盧舍那佛並建造東大寺。西元七五二年舉辦大佛開眼供養法會。

巨大的佛像高達十五公尺，是為了顯示盧舍那佛治理如宇宙般寬廣的蓮華藏世界，也是國寶雕刻中最大的佛像，安置佛像的大佛殿則為日本最大的國寶。東大寺擁有多件國寶，南大門與門內顯示威嚴氣勢的金剛力士像也是其中的一部分。門與佛像都完成於一二〇三年。像高八．四公尺，散發強大氣勢。

由於經歷好幾次的火災，現在的殿堂是以江戶時代建造的建築物為主。

※1「古都奈良文化財」之一，於一九九八年列入世界文化遺產。

大日如來

把全宇宙神格化的佛中之王

密教思想稱大日如來為毘盧遮那如來。大日如來是宇宙的根源，也位於密教最高的位置。其他的如來、菩薩、明王等都是大日如來的不同面貌，金剛薩埵作為大日如來的化身，負責以簡單易懂的方式傳教於人。

「金剛界曼荼羅」與「胎藏界曼荼羅」反映出密教的世界觀，金剛界呈現的是佛的智慧，胎藏界則表示開悟的心。大日如來位於兩個世界的中心。佛像中畫著四尊如來圍繞著大日如來，稱為「五智如來」。

大日如來的外形與其他如來不同，頭戴寶冠，身上穿戴裝飾品，華麗的外形顯示出大日如來總領所有佛的王者特色。

簡單說，
就是非常華麗～
如來戴著珍貴的寶冠，身上配戴胸飾閃閃發亮
手結了表示達到開悟最高境界的智拳印

Profile

梵語
Mahāvairocana

世界　金剛法界宮

隨從　「金剛界」阿閦如來、寶生如來、阿彌陀如來、不空成就如來／「胎藏界」寶幢如來、開敷華王如來、無量壽如來、天鼓雷音如來

供奉大日如來的寺院

東寺

空海設計的立體曼荼羅最精彩

京都

Profile

所在地　長野縣長野市

本尊　阿彌陀如來

知名活動　早課、佛珠加持

經典名產　御燒餡餅、八幡屋礒五郎七味粉

提到東寺[1]，最知名的就是高達五十五公尺的五重塔。這個日本最高的木造建築裡，供奉著弘法大師空海從唐國帶回的佛舍利。現存的塔是一六四四年德川家光捐獻的第五代。

東寺的正式名稱為教王護國寺，是平安遷都兩年後，為了鎮護國土而創建的官寺[2]。當時在羅城門之東建立東寺，西邊則建立西寺，不過現在西寺已不存在。西元八二三年，嵯峨天皇將東寺下賜給空海，東寺成為眞言宗的根本道場，也是日本最早的密教寺院。講堂中有立體羯磨曼荼羅呈現密教教義，由二十一尊佛像構成，以大日如來為中心的五智如來，左右兩側排列著國寶的五大菩薩與五大明王，四方則有四天王擔任護衛。

※1「古都京都文化財」之一，於一九九四年列入世界文化遺產。

※2國立的寺院。

最近太忙了，都沒有去寺裡拜拜呀啊啊～
什麼！最喜歡去寺院參拜的佐和子竟然!?
決定為佐和子設計一套
搭山手線參訪寺院的一日行程！
一天走得完嗎？
呀！
神明啊！NIRAKO大人！
巢鴨地藏通商店街
巢鴨地藏通商店街早上9點先到巢鴨
參拜拔刺地藏！
高岩寺
在本堂參拜在此可以索取傳說中「在枕邊留下刻印自己身影靈印的夢中和尚」複製版的「御影」
御影100日圓
可以吃也可以貼
吃、吃下肚嗎？
僵硬……
水洗觀音
洗掉罪惡
治療疾病

店都還沒開呢
右瞧
キョロ
キョロ
左瞧
コッチ 這裡
歡迎光臨
這裡
早上9點就營業的茶屋
吃個不會太甜又有適度鹽味的鹽大福稍作休息
鹽大福 130日圓
好吃！
有點甜又有彈性！
地藏通邊走邊吃啟動！
有名的紅豆麵包
時間算得好的話，可以吃到剛出爐的
鰻魚頭串
看起來有點可怕，不過很好吃
不造成身體負擔的小吃店，還有懷舊的老店林立
這裡怎麼了！店裡面一整個紅色！
紅吱吱！
巢鴨名產紅色內褲！100%棉腰部高到肚臍保暖最棒！
送妳
突然翻開！
→愛用者
あ 啊！謝謝
ありがとう
離開從一早就好吃又好玩的巢鴨
往下一間寺院前進～
接續104頁

Chapter 3

菩薩的世界

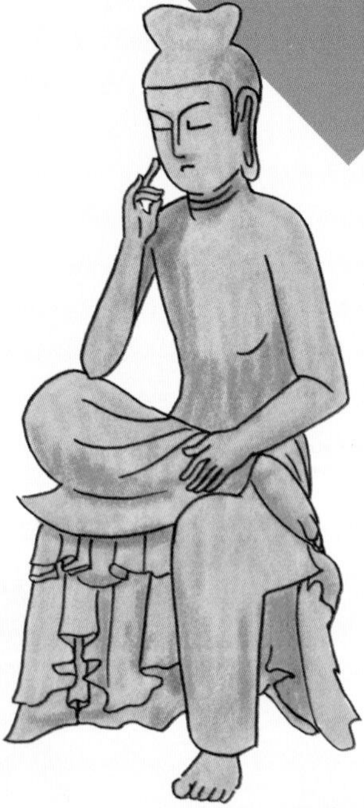

菩薩的原型，是處於追求開悟的修行期的釋迦。
菩薩為了成為如來，進行了六項修行，稱為「六波羅蜜」，
分別是
布施、持戒、
忍辱、精進、
禪定、般若。
菩薩也有輔佐如來的任務，
經常可見隨侍在如來身邊的脅士菩薩像。

觀音菩薩（聖觀音）

佛像中最常見，觀音的基本型態

《觀音經》[1]記載著觀音菩薩有三十三種應化身，為了因應祈願信眾的狀況與個性，觀音變化出各種不同外形。以下即將介紹以聖觀音為基本型態的十一面觀音等，就是「變化觀音」衍生出來的型態。

聖觀音菩薩有一面二臂，不是多面多臂。由於是阿彌陀如來的脅士，所以寶冠上有阿彌陀的化佛。此化佛為觀音的共同象徵，另主要是右手持蓮花，左手拿水瓶。

日本最古老的觀音像塑造於飛鳥時代。從那時起就獲得信眾虔誠信仰，佛教故事集《日本靈異記》、《今昔物語集》也收錄了許多與觀音相關的故事。觀音菩薩受歡迎的理由是因為可帶給信眾現世的利益，只要念觀音菩薩佛號就可免於火災等七災，並遠離三毒[2]之苦。

※1正確說法是《法華經》的〈觀世音菩薩普門品第二十五〉。

※2指貪（貪欲）、瞋（瞋恚）、癡（愚痴）等三種煩惱。

寶冠中有阿彌陀如來的化佛
代表慈悲心的溫柔神情，教人不由得合掌膜拜！
The kannon
日本人最喜愛的觀音基本型態

Profile

梵語
Avalokiteśvara

世界　補陀落山、西方極樂淨土

服侍的佛　阿彌陀如來

供奉觀音菩薩的寺院

淺草寺

因現世利益獲得高人氣，現已成為日本代表性的知名景點

東京

雷門
風神
雷神

大燈籠的重量達700kg

御宮殿
竟然都貼上金箔！！
閃亮耀眼～

龍圖
本堂的天花板畫也非常可愛
天人散花圖

Profile

所在地　東京都台東區

本尊　聖觀世音菩薩

知名活動　三社祭（淺草神社）

經典名產　人形燒、雷米餅

淺草寺，每年來自日本國內外的造訪人次高達三千萬。淺草寺的象徵，雷門大燈籠，以及風神、雷神像，迎接著觀光客的到來。通過熱鬧的仲見世通這條路，就看到寶藏門出現眼前。寶藏門兩旁站立著仁王像，門後有避邪的巨大草鞋，全長達四．五公尺。再往前的本堂內，稱為御宮殿的佛龕安置了祕佛的聖觀世音菩薩，以及慈覺大師圓仁用心雕刻的御前立本尊。據傳此菩薩像是漁夫在隅田川撒網捕魚時撈到的，西元六四五年僧侶勝海建造觀音堂，並將此菩薩像供為祕佛本尊。

江戶時代，德川家康把淺草寺訂為祈願寺，自此淺草寺香火鼎盛，至今仍受民眾喜愛。另外，本坊[1]的傳法院是由知名茶道師小堀遠州親手設計的回遊式庭園[2]，也是國家指定的名勝景點。

※1住持居住的地方

※2通常是不公開，只有限定的期間才會公開給一般大眾參觀。

供奉觀音菩薩的寺院

金閣寺

金黃閃亮的舍利殿，在現代展現足利義滿時代的榮華光景

京都

一邊圍繞著池塘周圍，
一邊觀賞
「池泉回遊式庭園」

映照在
鏡湖池的金閣
成為一幅畫

屋頂上的
鳳凰
是第三代
亮晶晶
亮晶晶
記得要
看看我呢

Profile

所在地	京都府京都市北區
本尊	聖觀音菩薩
知名活動	不動堂開扉法事
經典名產	黃豆粉麻糬餅、金閣

京都最具代表性的知名景點金閣寺[1]，其正式名稱為鹿苑寺。鹿苑寺屬於臨濟宗相國寺的山外塔頭[2]寺院，金閣為舍利殿。

相國寺與金閣寺的開基都是足利三代將軍義滿。金閣寺的前身，是公卿西園寺公經在金閣寺這塊地上建造的山莊——北山第。西園寺家族沒落後轉讓給足利義滿。義滿取得了荒廢的北山第之後，一三九七年建造了北山殿。據說義滿直到死前都一直在此生活。義滿死後，北山殿成為禪寺，並改名為鹿苑寺。

金閣是木造的三層樓建築，每層的樣式都不同。第一層是沒有上漆的木頭所建的寢殿造，第二層是武家造，第三層為禪宗佛殿造，二、三層的外牆貼上金箔。第三層的內部也貼了金箔。

※1「古都京都文化財」之一，一九九四年列入了世界文化遺產。

※2寺院境外的附屬寺院。

供奉觀音菩薩的寺院

瑞巖寺

宮城

擁有美麗波紋狀瓦片屋頂的正殿，為桃山時代華麗的建築風格

本堂
堂內結合禪宗方丈風格與武家書院風格
簡潔

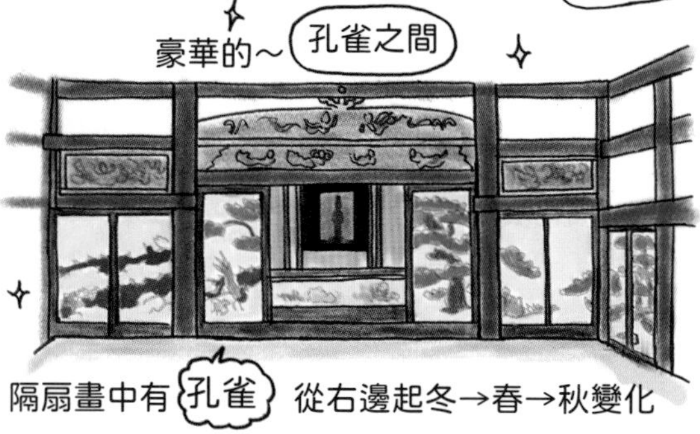
豪華的～孔雀之間
隔扇畫中有孔雀 從右邊起冬→春→秋變化

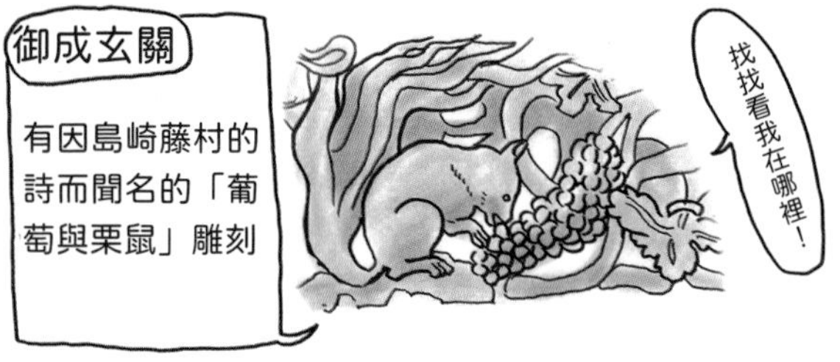
御成玄關
有因島崎藤村的詩而聞名的「葡萄與栗鼠」雕刻
找找看我在哪裡！

Profile

所在地	宮城縣宮城郡松島町
本尊	聖觀世音菩薩
知名活動	大施餓鬼法會
經典名產	牡蠣

日本三景之一「松島」上的瑞巖寺，是負責伊達正宗家族法事的菩提寺。一六〇四年，正宗重建起了荒廢殆盡的瑞巖寺。從熊野取得木材，並從京都與現和歌山的紀州等地召募了一百三十名木工，同時也聘請製瓦、雕刻等一流專家，投資巨額重建。

瑞巖寺原本是八二八年由慈覺大師圓仁開創的天台宗延福寺。雖然受到奧州藤原庇護，但是藤原氏滅亡後就由鎌倉幕府管理。鎌倉時代中期改為臨濟宗圓福寺，後來伊達政宗把名稱改為現在的瑞巖寺。

國寶的本堂外觀樸素，相對於此，寬廣的內部則裝飾著豪華的金碧障壁畫[1]。這是隸屬仙台藩主的繪師狩野左京之作。纖細的欄間雕刻值得一看。

※1拉門等貼上金箔，並以鮮豔的藍、綠色等濃豔色彩繪製的畫。

千手觀音

以千眼慈悲見苦，以千手慈悲救苦

千手觀音的正式名稱為「千手千眼觀自在菩薩」。千不是數目，而是無限的意思，也代表著廣大無比的救濟能力。手中有眼睛，以千眼慈悲見苦。在不空羂索觀音（參照一〇一頁）之後出現，成為民眾普遍的信仰則是平安時代以後。能夠實現各種願望，特別是治癒疾病、延年益壽、消除罪業等功德而獲得信眾的虔誠信仰。

實際上鮮少有佛像眞的有千隻手。一般都是四十二臂，包含胸前合掌的雙手以及左右各二十隻手。四十隻手的每一隻都具有二十五種拯救俗世眾生的功用。十一張臉與十一面觀音幾乎相同，不過也有二十七面的佛像。手持寶珠、蓮花、錫杖等，呈現具體的救濟手段。

千手中的每一隻都持有一件器具
看了覺得有趣，
也覺得有希望！

Profile

梵語
Sahasrabhuja
ārya avalokitezvara

隨從　二十八部眾

供奉千手觀音的寺院

清水寺

京都

春季的櫻花與秋季的楓紅，如圖畫般和諧的清水舞台

春、夏、秋季開放夜間特別參拜
可看到以燈光照射的本堂與夜景

眺望夜晚的京都

本尊千手觀音

為祕佛，
每 33 年只開放
一次參觀

並不是真的有一千隻手喲！

四十隻手中的
每一隻各擁有
二十五種法力，
故稱為「千手」

Profile

所在地	京都府京都市東山區
本尊	十一面千手觀世音菩薩
知名活動	千日參拜、青龍會
經典名產	八橋、阿闍梨餅

京都市最多觀光客造訪的清水寺[1]，最精采部分就屬「清水的舞台」了。最長約十二公尺的櫸木柱子組成的舞台，是以懸造的傳統工法所建成的，一根釘子都沒用上。雖有舞台卻沒有觀眾席，因為觀眾就是本尊的觀音。

清水寺是西元七七八年由僧侶延鎮創建。受到延鎮的影響，皈依佛道的武將坂上田村麻呂捐贈了佛殿。江戶時代之前經歷了嚴重的災禍，使得建築物慘遭焚毀，一六三三年由德川家光重建，本堂與現存的多數堂塔都是那時建造的。

本尊的十一面千手觀音是祕佛。特徵是從身體左右分別伸出一隻細長的手捧住化佛，稱為清水型。

※1「古都京都文化財」之一，於一九九四年列入世界文化遺產。

供奉千手觀音的寺院

三十三間堂

京都

十一面千手觀音林立，展現震撼的存在感

即使型態相同，神情也各異的千尊千手觀音像

搞不好可以找到與自己相似的佛像!?

射箭

江戶時代在現為國寶的本堂長廊上，舉辦射箭比賽

Profile

所在地	京都府京都市東山區
本尊	千手觀音
知名活動	射箭大會
經典名產	西田屋的柴漬食品

三十三間堂以長一百二十公尺的牆邊緊密排列的佛像而聞名。佛像的本尊是千手觀音，包含了國寶坐像，數量高達一千零一尊。其中也看得到運慶之子湛慶的作品。

三十三間堂的正式名稱是蓮華王院本堂，是天台宗妙法院於寺院境外的佛堂。一一六四年因白河法皇發願，由掌握大權的平清盛建立。一二四九年因火災而幾乎全毀，幸好勉強救出一百二十四尊千手觀音。一二六六年，後嵯峨上皇只重建了本堂[1]。豐臣秀吉於一五八六年建造方廣寺大佛殿時，也把三十三間堂納入寺院範圍，並建造南大門與稱為築地塀的圍牆。

江戶時代開始舉辦射箭活動，當時是站在三十三間堂西側屋簷下，由南端往北端射箭。

※1現存的三十三間堂。

供奉千手觀音的寺院

那谷寺

石川

加賀大自然中的岩山洞窟，為靈魂重生之處

火山噴發與流水形成的景色　奇岩遊仙境

大悲閣

本殿、拜殿、唐門合稱為大悲閣

Profile

所在地	石川縣小松市
本尊	十一面千手觀音菩薩
知名活動	涅槃會（灑五色湯圓）、開山忌大般若轉讀法會
經典名產	九谷燒

以紅葉之美聞名的那谷寺始於白山信仰。以歷史的傳承來說，最早起源於西元七一七年修驗道僧侶泰澄祭拜岩窟中的手雕千手觀音，並建立岩屋寺。平安時代，已出家的花山法皇在朝聖途中到達岩屋寺，將寺名改為那谷寺。後來遭遇戰火摧毀，一六四二年左右，由加賀藩前藩主前田利常重建。除了本殿等建築物，也建造了庭園與杉木林蔭參道。

大悲閣（本殿）與洞窟合為一體，也是進行胎內巡拜的地方。據說通過此處即可除去一身的罪惡，重生潔淨的心靈。

另外，由雄偉的岩石與樹木交織成的動態景色奇岩遊仙境，以及受茶道師小堀遠州指導而建造的優雅庭園——庫裡庭園等，都是必看景觀。

彌勒菩薩

分別有貴族扮相的菩薩型態與手持佛塔的如來型態之未來佛

菩薩中最早出現的即是彌勒菩薩。因為確定將成為如來，故也稱「未來佛」。雖然目前在名為兜率天的神明世界中修行，不過釋迦入滅五十六億七千萬年後，彌勒菩薩將會下生，開悟並代替釋迦救渡眾生。

佛教認為釋迦捨報經過一千五百年[1]，這世上將只剩下教義，既沒有修行人，也無開悟者，無論是人或世間都是最惡的時代，也就是所謂的末法時期。這種「末法思想」與為了拯救沉淪世界人民的彌勒菩薩信仰廣為普傳。由於平安時代後期已值末法時代，所以「經塚信仰」[2]也非常盛行，同時彌勒菩薩也以如來的型態出現。實際的佛像有菩薩型態，也有如來型態。

※1也有一說是二千年。
※2為了把教義流傳後世，將經卷收藏在銅製的筒中再埋入土裡。

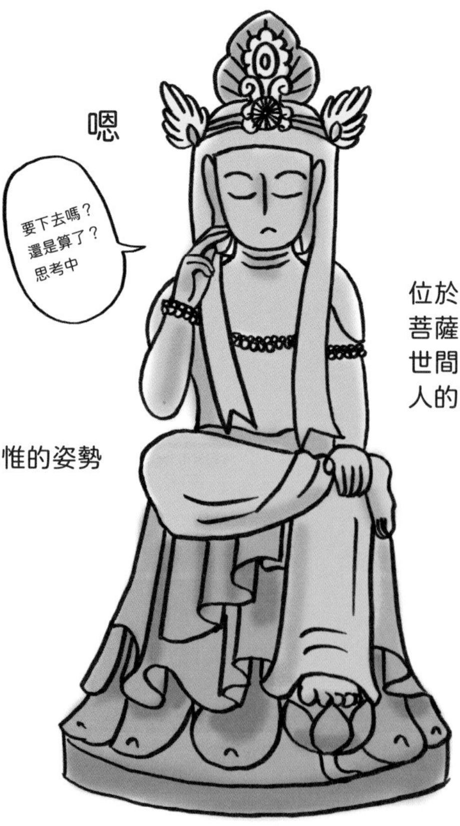
位於兜率天的彌勒菩薩，為了要前往世間，冥想救濟世人的方法
半跏思惟的姿勢

Profile
梵語
Maitreya
世界 兜率天

供奉彌勒菩薩的寺院

廣隆寺

以吸引世人目光的彌勒菩薩而聞名的太秦寺院

京都

我是國寶第 1 號
彌勒菩薩半跏像
赤松的一木造
高約 124cm
柔軟的手指
與微笑的神情
極具魅力
半跏踏下坐
左腳踩地，
右腳置於左膝上

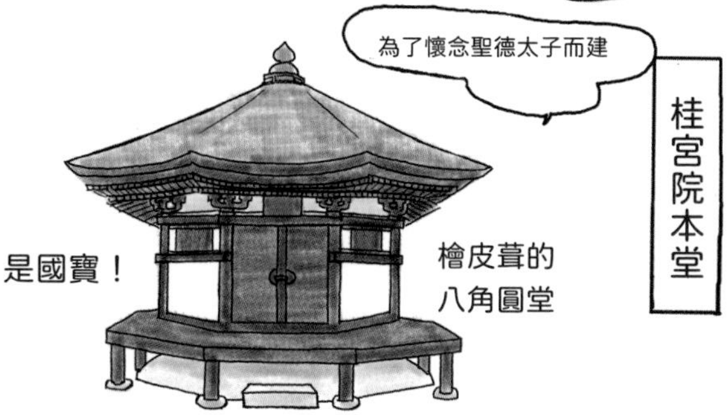
為了懷念聖德太子而建
桂宮院本堂
是國寶！
檜皮葺的
八角圓堂

Profile

所在地	京都府京都市右京區
本尊	聖德太子
知名活動	牛祭

廣隆寺以擁有擄獲眾人目光的彌勒菩薩而聞名。一抹微笑，沉浸在思惟中的半跏思惟像是國寶中的雕刻第一號。

廣隆寺是聖德太子下令建造的七寺之一，也稱為太秦的太子堂。根據《日本書紀》的記載，家臣秦河勝獲得太子賜與佛像，因而建造廣隆寺供奉。由於遭遇祝融之災，創建當時的建築物幾乎全毀，只留存了被列為國家文化財的八角圓堂「桂宮院本堂」，以及通稱赤堂的講堂。另外，除了彌勒菩薩，寺內還供奉了阿彌陀如來、不空羂索觀音、千手觀音、十二神將等各尊已列為國寶的佛像，喜愛佛像的人一定要來參拜。

傳統活動「牛祭」被稱為京都三大奇祭之一，非常有名。戴著面具騎乘牛隻的魔多羅神與四天王在隊伍中遊行。

文殊菩薩

號稱智慧第一，對菩薩說法

據言是真實人物的文殊菩薩生於婆羅門教家庭，出家成為釋迦的弟子。相傳釋迦入滅後，文殊菩薩在喜馬拉雅對五百位神明說法，現在也持續在清涼山[1]對一萬名菩薩說法。

如同日本諺語說的，「三人同行即有文殊的智慧」，表示文殊菩薩掌管的是智慧。《維摩經》記載了文殊菩薩象徵智慧的經典故事。聰明的維摩居士通曉大乘佛教奧義，釋迦的弟子就算與之辯論也無人能敵。有一次釋迦派文殊菩薩前去探望病中的維摩居士，兩者之間有著精采的辯論。

佛像為基本的菩薩型態，主要是右手持劍，左手持經卷[2]。

※1位於娑婆世界的東北方。
※2經卷表示智慧，劍則由智慧磨亮。

與學問有關的菩薩
經卷是智慧的象徵
參加考試或資格測驗前
就去參拜吧！

Profile

梵語
Mañjughoṣa

世界　娑婆世界的清涼山

隨從　善財童子、優塡王、佛陀波利三藏、最勝老人

服侍的佛　釋迦如來

安倍文殊院

供奉文殊菩薩的寺院

奈良

櫻花海、杜鵑花池、大波斯菊迷宮，四季花期從不間斷

Profile

所在地	奈良縣櫻井市
本尊	文殊菩薩
知名活動	文殊法會、寺寶展
紀念品	手作落雁和菓子

提到文殊菩薩的代表性作品，大概就是安倍文殊院供奉的國寶渡海文殊菩薩像了。騎乘獅子高達七公尺的巨大文殊菩薩，以及跟隨菩薩各具特色的四名脅士，都是名佛師快慶的作品。

此寺院是與遣唐使阿倍仲麻呂、陰陽師安倍晴明有關的安倍一族之宗族寺院。據傳是在大化革新時創建的。

建於池上美麗的金閣浮御堂祭祀著仲麻呂與晴明。來此參拜的人為求消災解厄，會舉行所謂「七參」的特殊參拜儀式。

另外，寺院境內還有國家指定特別史跡文殊院西古墳，以及湧出「智慧之水」稱為閼加井的古墳。隨著四季花期的變化成為賞花勝地。

普賢菩薩

以白象為坐騎，特別獲得女眾信仰的菩薩

以白象為坐騎的普賢菩薩與騎乘獅子的文殊菩薩，都是釋迦如來的脅士。結合智慧的文殊與執行的普賢，就是佛教的理想樣態。

普賢菩薩所立的「十大願」是修行誓願的代表。《華嚴經》描述了普賢菩薩在實踐方面是偉大的導師，修行中的善財童子拜訪五十三位善知識（有見識者）時，普賢菩薩即為最後一位。

另一方面，《法華經》中記載，騎著六牙白象的普賢菩薩與眾多菩薩出現在信眾面前，帶給信眾利益功德。《法華經》裡開始有女人往生[1]的說法，所以平安時代以後，信仰普賢菩薩的女性開始增加。

一般而言，普賢菩薩為一面二臂，雙手在胸前合掌，不過若是普賢延命菩薩，也可見到一面二十臂且騎乘一身三頭象的佛像。

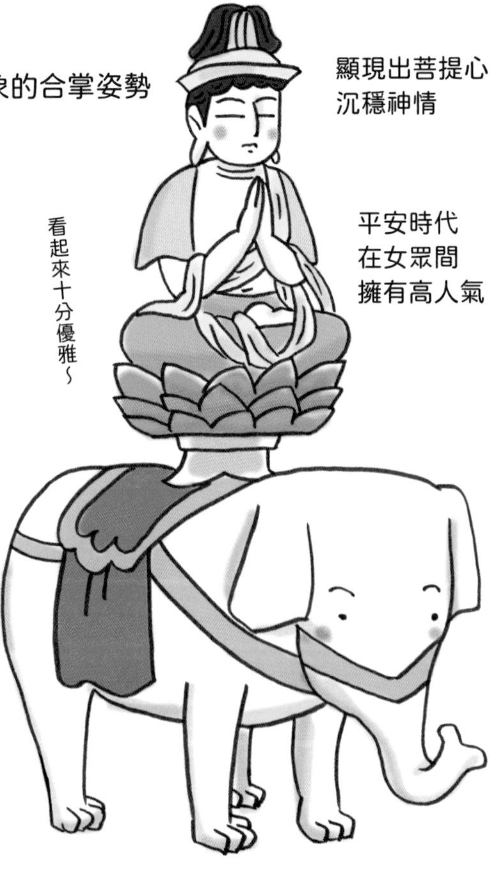
騎白象的合掌姿勢
顯現出菩提心的沉穩神情
看起來十分優雅～
平安時代在女眾間擁有高人氣

※1〔譯註〕指以女人之身往生淨土，或指女人轉男身成佛。

Profile

梵語	Samantabhadra
世界	娑婆世界
隨從	十羅剎女
服侍的佛	釋迦如來

供奉普賢菩薩的寺院

京都

岩船寺

受南都佛教影響，綠意盎然種滿繡球花的寺院

Profile

所在地　京都府木津川市

本尊　阿彌陀如來

知名活動　施餓鬼法會、解厄柴燈大護摩供

位於京都與奈良縣境山谷中的岩船寺，可參拜騎乘在滿溢笑容白象上的普賢菩薩。此像乃參考空海的外甥智泉僧侶所繪之畫，於平安時代雕刻而成。

岩船寺的起源是聖武天皇下令建造的阿彌陀堂。從地理上來看，由於位於平城京的背後，所以成為興福寺、東大寺僧侶的隱居之所，也使得岩船寺一帶佛教文化盛行。最盛時期曾有三十九座寺塔，但遭遇承久之亂的兵火破壞而毀損大半。後來由德川家重新修造。

本尊是平安時代中期製作，藝術價值極為珍貴的阿彌陀如來。寺院境內還有三重塔、十三重石塔等。在繡球花開花時節，參訪的遊客絡繹不絕。

虛空藏菩薩

連空海也獲賜超強記憶力的佛菩薩

密教中，虛空藏菩薩的信仰非常興盛。由於虛空藏菩薩擁有無限的大智慧與福德，若想祈求智慧，可以修習「虛空藏求聞持法」。據說持誦虛空藏菩薩陀羅尼百萬遍，就會擁有超乎常人的記憶力，空海即完成這項修行而獲得該利益功德。

此外，也有以五大虛空藏菩薩為本尊的消災、祈福之祈願方法。所謂五大虛空藏菩薩指金剛界曼荼羅的如來變化成虛空藏菩薩，並將菩薩的法力分為五份，以五尊菩薩的型態呈現。

基本型態為菩薩型態，坐於蓮台；右手持象徵智慧的劍，左手拿著置於蓮花之上、象徵福德的如意寶珠。不過，若是求聞持法的本尊，則右手結著與願印。

HEY 煩惱
寶冠上
有 5 尊佛像
名字與意義
都非常可愛
擁有如虛空般
無限寬闊的心
但是很難念
不由得想撒嬌……

Profile

梵語
Ākāśagarbha

世界　東方大莊嚴世界

供奉虛空藏菩薩的寺院

神護寺

賞楓名勝，深山中的寺院

京都

Profile

所在地	京都府京都市右京區
本尊	藥師如來
知名活動	寺寶物晾晒活動
經典名產	擲瓦

登上長長石階的終點，就可看到位於高雄山山腰上的神護寺[1]。最澄曾在這裡講解《法華經》，空海也在此擔任過住持，可以說神護寺在日本佛教歷史上，是擔負過重要任務的名剎。

神護寺的開基始祖是宇佐八幡宮神諭事件中的關鍵人物——和氣清麻呂。清麻呂在八世紀末左右建造高雄山寺作為修行道場，同時期也創建神願寺。西元八二四年兩寺合併，並改名神護寺。清麻呂死後葬於神護寺的境內，故也成為和氣氏的菩提寺。空海在八〇九年入山擔任住持，替最澄等弟子灌頂。

五尊日本最古老的五大虛空藏菩薩像供奉在多寶塔中，分別施以白、黃、綠、紅、黑等色彩，是平安時代初期最具代表性的密教佛像。

※ 1正式名稱為「神護國祚眞言寺」。

地藏菩薩

至今仍佇立路旁的大眾救世主

釋迦入滅經過五十六億七千萬年之後，彌勒菩薩才會現世，在這當中是沒有如來的無佛時代，於是釋迦委託地藏菩薩在無佛時期前來救渡世人。地藏菩薩非常受到信眾親近，平安時代的《今昔物語集》就出現過各種型態的地藏，例如替身地藏、拔刺地藏、子安地藏等。

地藏信仰之所以盛行，與平安時代對地獄產生恐懼心理有很大的關係。民間信仰認為若受到閻魔大王的制裁，可求助地藏菩薩幫忙解脫。另外，也有地藏在冥界賽之河原的地方救渡夭折小孩的傳說故事，祭拜嬰靈或早夭幼兒的水子供養，就是以地藏為本尊。

由於地藏菩薩位於娑婆世界，所以基本上以僧侶的樣貌出現，手持錫杖。

The
庶民派
傳說中也經常出現
也有公仔商品
是眾所皆知的
知名人士
因四處雲遊之故，
多為站姿
在路旁也經常見
到的身影

Profile

梵語
Kṣitigarbha

世界　娑婆世界

供奉地藏菩薩的寺院

六波羅蜜寺

京都

附近還有稱為「六波羅殿」的平清盛宅邸

可看到大師的名作

Profile

所在地	京都府京都市東山區
本尊	十一面觀音
知名活動	空也踊躍念佛、萬燈會
經典名產	幽靈子育飴

六波羅蜜寺，就是供奉口中現出六尊阿彌陀的空也像的寺院。西元九五一年由空也大師創建。

此寺院收藏許多藤原、鎌倉時代的出色木像，例如本尊的十一面觀音就是平安時代製作的國寶。由於是祕佛，只在龍年才開放參觀。

兩尊地藏菩薩像是特別值得介紹的優秀作品，一尊是平安時代名佛師定朝製作的立像，左手握著頭髮的姿態，也稱為「鬘掛地藏」。

另一尊坐像據說是出自活躍於鎌倉時代的運慶之手，為十輪院之本尊。十輪院位於六波羅蜜寺內，屬於運慶家族的菩提寺。運慶、湛慶父子的坐像也被供奉為脅士。

勢至菩薩

以智慧光照耀世人，培育開悟之心

阿彌陀如來的脅士勢至菩薩與左脅士觀音菩薩等三尊合併供奉。勢至菩薩幾乎沒有單獨供奉。觀音以慈悲之力，勢至以智慧之力來救濟世人。另外，也有一說勢至菩薩以觀音的慈悲心為資糧，為眾生種下菩提心（追求開悟之心）的種子。

勢至菩薩的姿態與觀音菩薩幾乎相同，分辨重點是頭上的寶冠。觀音的寶冠上有化佛，勢至的寶冠上則是寶瓶。寶瓶內裝的是智慧之水。為什麼與水有關呢？有一說是古波斯普遍信仰的水神安娜希達（Anāhitā）被引進佛教成為勢至菩薩的緣故。

看起來
沉靜又聰明的
面貌
標記是
寶冠上裝飾的水瓶
寂靜佇立　高貴典雅
在阿彌陀的
右側喲

Profile

梵語
Mahāsthāmaprāpta

世界　西方極樂淨土

服侍的佛　阿彌陀如來

供奉勢至菩薩的寺院

知恩院

京都

最大的木造三門及宏偉的御影堂等，國寶建築極具吸引力

三門
國寶，門內的天花板、柱子、牆壁上有神鳥迦陵頻伽、飛龍等色彩豐富的圖畫
山號華頂山的牌匾有一坪大

以燈光照射更顯雄偉
供奉法然上人的肖像

Profile

所在地	京都府京都市東山區
本尊	法然上人、阿彌陀如來
知名活動	御忌大會（午夜念佛 in 御忌）
紀念品	知恩院的茶、念佛漬物

知恩院建於可俯瞰京都街道的高台上，為淨土宗的總本山。擁有威嚴氣勢的大型伽藍，與四季表情豐富的庭園，廣受好評。

開山祖師是創立日本淨土宗的法然。淨土宗始於一一七五年法然住在現御影堂旁的吉水草庵，主張淨土宗專修念佛的修行方式。

法然因受到弟子連累，於一二〇七年被流放四國。四年後回到京都，在現位於大谷的勢至堂處建造禪房，隔年一二一二年圓寂。其弟子源智於一二三四年完成佛殿、御影堂、總門等，並命名為知恩院大谷寺。形成今日建築結構已經是江戶時代以後的事，受到德川家康、秀忠、家光所庇護。

知恩院內多所建築被列為國家文化財，勢至堂即為其一。供奉著被視為法然的本地身[1]的勢至菩薩。

※1 指根本的佛。

日光菩薩、月光菩薩

利用太陽與月亮的力量 消除煩惱與苦痛

以太陽與月亮為標誌的日光菩薩、月光菩薩是藥師如來的脅士。《藥師經疏》說明了兩位菩薩的起源。

話說從前有位撫養兩名小孩的婆羅門教徒立下了大悲願，希望救助為重病所苦的人們。這名教徒被佛授予醫王的稱號，這位醫王就是藥師如來，兩名小孩是日照、月照，也就是後來的日光菩薩、月光菩薩。

此二尊菩薩沒有單獨供奉，外形是極為相似的菩薩型態。大部分的情況沒有持物，手勢則是左右兩尊菩薩互相對稱。若有持物，寶冠上就會有日輪、月輪作為標誌。兩尊菩薩被視為能以太陽光消除生死、痛苦等人間的黑暗，並以月光消除內心因煩惱而產生的徬徨。

面對藥師如來，
右側為日光菩薩
左側為月光菩薩
日光
月光
We are 菩薩隊
因為是被藥師如來拯救的孩子，所以外形看起來是胖嘟嘟的圓潤模樣
雖然看起來類似，還是有所不同

Profile

梵語
〈日光〉Sūryaprabha
〈月光〉Candraprabha

世界　東方淨琉璃世界

服侍的佛　藥師如來

供奉日光菩薩、月光菩薩的寺院

道成寺

日本傳統戲曲長年演出的「道成寺作品」

和歌山

西元 800 ～ 850 年
左右製作
千手觀音菩薩像
安珍、清姬
也來參拜?!
月光菩薩像
日光菩薩像
能劇道成寺
最精彩的場面
「投身入鐘」
女扮男裝的演員
白拍子跳入鐘內，
結果出現的是
可怕女鬼！
鐘
呵呵呵

Profile

所在地	和歌山縣日高郡日高川町
本尊	千手觀音菩薩
知名活動	道成寺法會
經典名產	釣鐘燒

道成寺是和歌山縣最古老的寺院，也是日本傳統戲劇能樂與歌舞伎中，非常受歡迎的曲目《道成寺》的舞台。道成寺的系列故事來自於「安珍與清姬的故事」，講述發生在西元九二八年清姬單戀僧侶安珍的一段悲慘戀情。

距今約一千三百年前，文武天皇下令建造道成寺。關於寺院的創建，流傳著一則「髮長姬」[1]的故事。創建當時的本尊千手觀音像至今仍供奉在本堂，是不輕易公開的祕佛，每三十三年才開放一次。

寶佛殿供奉的本尊千手觀音菩薩與其脅士等三尊佛像，推斷是平安時代初期的作品，均為國寶。千手觀音的手一般都是四十二隻，不過道成寺的佛像則有四十四隻手，甚至脅士為日光菩薩、月光菩薩[2]，是非常罕見的組合。

※1 指文武天皇的夫人藤原宮子。
※2 一般來說，日光菩薩、月光菩薩為藥師如來的脅士。

十一面觀音

十一張臉關注所有方位，拯救世人

十一面觀音是變化觀音中最早出現的。根據經典所述，十一面觀音頭上十張菩薩的臉，代表十種現世利益，例如遠離疾病、衣服財寶無缺等「十種勝利」；頭頂的如來面代表死後的功德，例如可往生極樂淨土等「四種果報」。十一面觀音的信仰從奈良時代到平安時代普及民間。

一般來說，十一面觀音總共有十二張臉，除了正面的臉以外，還有頭上的十一張臉，不過也有的佛像總共是十一張臉。正面的三面是慈悲面，呈現溫柔的神情，左三面是呈現發怒神情的瞋怒面，右三面是長出牙齒的狗牙上出面，後面的暴惡大笑面則顯現輕蔑大笑的表情。

大部分的十一面觀音右手結與願印，左手持插著蓮花的水瓶。

最上面最醒目的臉是
左側是可怕的臉
右側的臉露齒而笑
正面是溫和的表情
有許多知名佛像，
參拜寺院也能夠
樂在其中
散文作家
白洲正子的書中
也提到的
知名觀音

Profile

梵語

Ekādaśa-mukha

供奉十一面觀音的寺院

法華寺

奈良

美麗的十一面觀音，以深具慈悲心的光明皇后為原型

十一面觀音像

原型是以美貌著稱的光明皇后
以皇后在蓮池邊散步的模樣造像
彎曲的大趾呈現行走時的動態動作

維摩居士坐像

注意與文殊菩薩問答時，維摩居士的嘴角表情
……

守護犬

祈求消災除惡

源於光明皇后製作的守護犬

Profile

所在地　京都府京都市東山區

本尊　法然上人、阿彌陀如來

知名活動　御忌大會（午夜念佛 in 御忌）

紀念品　知恩院的茶、念佛漬物

法華寺是將近一千三百年前建立的尼寺。光明皇后把父親藤原不比等的舊宅改為宮寺，成為總國分尼寺。

以現代的說法，光明皇后就是致力於社會福祉的人物，不僅成立「悲田院」、「施藥院」[1]，也在寺內蓋設可供病患或窮苦人家沐浴的「浴室」。現在仍能參加寺院舉辦的施浴活動（僅限法華寺各會會員）。

本尊是國寶的十一面觀音像。被形容為艷麗外形的女性型態，據說是以光明皇后為原型。其他還有與文殊菩薩對答的維摩居士坐像也是必看的國寶。

另外，此寺的美麗庭園也是不可錯過的景點。華樂園可欣賞四季變化的植物，名勝庭園則可看到漂亮的燕子花。

※1悲田院是救濟貧苦人家或孤兒的設施，施藥院則是進行治療的地方，如同今日的醫院。

如意輪觀音

如意寶珠為特徵，是福德、消災的佛

根據《如意輪陀羅尼經》記載，如意輪觀音會授予世間人金銀等財寶，也會授予出家人福德。雖是變化觀音中最晚出現的觀音，不過在奈良時代，如意輪觀音信仰普及民間，可保佑信眾消災解厄、治療疾病。

如意輪觀音像常見的是一面六臂，不過手的數目由兩隻到十二隻都有。身體採取右膝立起，雙腳掌互相貼合的罕見輪王座姿勢。

持物除了名稱上也有的如意寶珠與法輪之外，亦有蓮花這項代表性的持物。右邊第一隻手托頰做思惟狀，彷彿在思考如何救渡眾生。

右手托頰
出神貌
一直盯著看
會變得放鬆
溫和而柔軟
十分自在
的姿態
特徵是一隻手
撐住台座

Profile
梵語
Cintāmaṇicakra

供奉如意輪觀音的寺院

滋賀

石山寺

紫式部在此撰寫長篇小說，四季百花盛開之古剎

連接正堂與禮堂部分的小房間就是「源氏之間」

保留建設當時樣貌的名塔

Profile

所在地	滋賀縣大津市
本尊	如意輪觀世音菩薩
知名活動	「石山寺與紫式部」展
經典名產	鯽魚壽司

石山寺的本堂是國寶，建造於巨大的矽灰石上。此矽灰石即為寺名的由來，不僅被列為國家天然紀念物，在寺院境內也能膜拜這厚重的石塊。

石山寺是僧侶良弁奉聖武天皇敕願所建的寺院。由於建造東大寺大佛所需覆蓋佛身的黃金不夠，為了祈求黃金順利產出，於是良弁在矽灰石上供奉聖德太子隨身攜帶的念持佛，也就是如意輪觀世音菩薩，後來政府順利在奧州挖掘到黃金。此菩薩被敕封為祕佛，每三十三年一次的御開扉[1]時才會公開。

另外，石山寺也以紫式部窩在寺內撰寫《源氏物語》而聞名，據傳本堂裡保存著的「源式之間」就是故事的場景之一。

※1第一代本尊因火災而毀損大半，現在公開的主要是平安後期重製的佛像。

馬頭觀音

菩薩中唯一呈現忿怒相，寶冠上有馬頭的觀音

如名所示，頭上有馬頭的就是馬頭觀音。馬象徵著天馬奔馳在這世上，自由奔跑且驅逐障礙。馬頭觀音的本願並非自我的解脫，而是在娑婆世界與惡對抗，同時消除人們的惡趣、苦惱。在菩薩中，只有馬頭觀音呈現忿怒相，這是為了擊退各種魔障之故。

常見三面八臂的型態，雙手在胸前結複雜的馬口印，或是合掌。持物主要有鉞斧、法輪、金剛棒、念珠等。

馬頭觀音的信仰在天平時代傳來日本，庶民之間廣為流傳。鎌倉時代以後，脫離原本的利益功德，成為與馬相關的神，例如發展成守護交通安全的神或馬的守護神。

寶冠上有馬頭
以忿怒的
形象除魔!!
馬嘶聲
想中馬券時，
或許可以保佑!?
一定要去參拜！

Profile
梵語
Cintāmaṇicakra

准胝觀音

諸佛之母，擁有女性溫柔的神情

梵語Cundhi是「清淨」的意思，音譯則為准胝觀音。印度初期的經典中有「准胝佛母」或「七俱胝佛母」，沒有觀音二字，所以也有某些說法認為准胝不是觀音。據說一切諸佛皆由「准胝佛母」所生。

准胝觀音原本沒有保佑現世利益，其存在是為了守護持誦「佛母准胝陀羅尼」的修行者。從平安時代起被信仰為送子觀音。

基本的型態是一面十八臂，眉間有第三隻眼的菩薩型態。頭戴有化佛的寶冠。中間的雙手多見結說法印或施無畏印，其餘的手則拿劍、念珠、羂索、金剛杵、蓮花等。佛像並不多見。

內心會變得清靜喲
代表純潔母性的溫柔神情
引發人升起慈悲待人的心情……
總之，很容易跟千手觀音搞混

Profile
梵語
Cundhi

大報恩寺

集聚慶派佛師的作品，為「醜女面具」起源地

京都

Profile

所在地	京都府京都市上京區
本尊	釋迦如來
知名活動	成道會與煮蘿蔔湯、醜女福節分
經典名產	醜女面具

大報恩寺以擁有京洛[1]最古老的木造建築，通稱「千本釋迦堂」的本堂為傲。「阿龜信仰」也廣為人知。

大報恩寺是由藤原秀衡的孫子義空約八百年前創建的。即使歷經戰火也未遭毀壞的本堂具有高度價值，被指定為國寶。

鎌倉時代由知名佛師雕刻的佛像群，是一輩子一定要參拜一次的寺寶。首先是十大弟子像，這是快慶晚年的作品。每尊佛像都充分展現各弟子的個性，彷彿感受到佛像的呼吸氣息。接著是被視為快慶第一高徒的行快[2]製作的本尊釋迦如來像，以前是被十大弟子像所圍繞。還有運慶弟子肥後定慶也經手的六觀音菩薩像，是巧妙呈現出柔軟動作與質感的傑作。

※1 京都市內。

※2 奧州藤原氏的第三代。

不空羂索觀音

以慈悲之繩 毫無遺漏地救濟所有人

變化觀音中，不空羂索觀音出現在十一面觀音之後。留存的佛像大多介於天平時代到平安時代初期，從那之後佛像就較少，信仰熱度好像也隨之減弱。有一說是藤原氏把不空羂索觀音訂為國家信仰，實際上並未眞正普及民間。

不空羂索觀音的功德是十一面觀音的「十種勝利」與「四種果報」的雙倍，可治癒疾病、獲得財寶、獲得美貌等世俗方面的內容，除此之外也具有鎮護國土的利益。由於是在十一面觀音之後出現，所以強調更多的利益功德。

外表基本上是一面八臂。特徵是額頭有第三隻眼，寶冠上有化佛並披鹿皮衣。手上一定有條羂索（繩子）。

拋出羂索
以救濟世人
羂索
咻咻地拋出繩索！
也有的佛像沒有披鹿皮，只穿條帛

Profile
梵語
Amoghapāśa

三十三觀音

中國信仰的觀音與起源於印度的觀音

《觀音經》提到觀音菩薩有三十三種變化型態，這三十三身就是後來在中國出現的三十三觀音。

西元十二世紀，日本從三十三觀音發展出西國三十三所巡禮。受到西國三十三所的影響，鎌倉時代也創立了坂東三十三所與秩父三十四所。據說是為了湊足「日本百觀音靈場」，所以僅秩父有三十四間寺院。

具代表性的觀音有起源於印度的「楊柳觀音」、「白衣觀音」、「青頸觀音」，以及從中國觀音信仰產生的「水月觀音」、「魚籃觀音」等。

楊柳觀音——被視為具有消除病災的功德。特徵是右手持楊柳枝，或者身邊放置插著楊

純白道袍包住身體
散發溫柔氣息的
白衣觀音
溫柔也 Big 喲～
也有超巨大!?的佛像
單手持柳枝
感覺帥氣的
楊柳觀音
以此觀音為主題的作品也很多

柳的水瓶。與白衣觀音類似，大部分看到的是坐在岩石上的觀音。

白衣觀音——《請觀音經》記載著印度疫情流行時，觀音手持楊柳枝與淨水現身，傳授治療疫病的咒文，這是白衣觀音的由來。白衣觀音可消災、除病，甚至具有順產、育兒等利益，是非常受歡迎的佛教藝術題材，也經常出現在曼荼羅與水墨畫中。

水月觀音——水月觀音眺望水中月的姿態令人印象深刻。多見站在蓮花花瓣上，眺望水中月亮的構圖。曼荼羅中也有三面六臂的水月觀音。

魚籃觀音——從唐帝國的美女故事衍生出來的觀音。由於美女受到眾多男子的追求，所以她表示將跟能夠背誦經文的人結婚。雖然最後與一名男子順利結婚，美女卻立即暴斃。其實美女是觀音的化身，是為了教化民眾而下到凡間。

特徵是手提著一只裝著魚的竹籃。

眺望水中月的浪漫姿態引起少女心的水月觀音

有點喜劇效果？的魚籃觀音

下一個寺院就是上野的寬永寺
ZOO
UGUISU DANI
UENO
從鶯谷去根本中堂比較近！
上野動物園不只有貓熊，也有寺院呢！
寬永寺
根本中堂
本尊藥師如來放置在佛龕內
江戶時代的人非常親近寬永寺
非常有名
上野的山上曾經有座寺院
天海上人
天海上人將其打造成東方的比叡山
不輸給夢中國度的理想仙境
哇～！

ズラーリ……
一整排……
與德川家有淵源的
上野東照宮前的
一整排燈籠
巨大的鬼燈籠
好大
どしっ…
砰……
到最後只剩下一張
巨大的佛臉
上野大佛
受考生歡迎
那是一定的
眞認眞……
在繪馬上寫下
希望通過考試的願望
上野大佛
合格祈願
通過考試了
通過考試就
以櫻花盛開的
繪馬還願
民眾聚集的
寬廣公園
至今仍處處感受
得到江戶的氛圍
上野公園
呀～
呀～
也有貓熊喲！
大晴天～
繼續前往
下一間
寺院～
接續124頁

Chapter 4

明王的世界

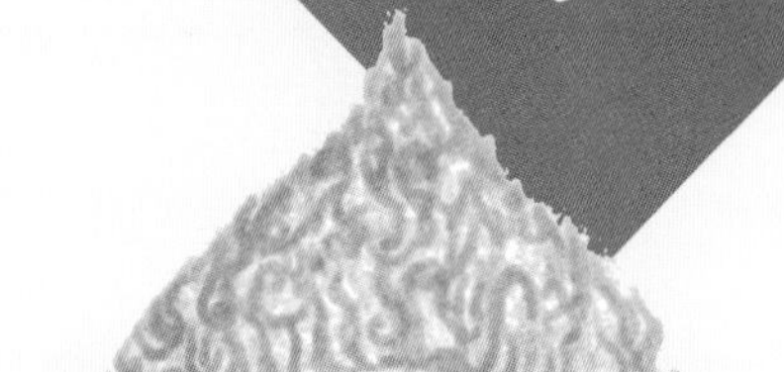

明王是從密教思想產生的佛，
被視為大日如來的化身。
日本的明王像是由密教真言宗的開山始祖空海，
以及天台宗開山始祖最澄等人，
在平安時代初期帶進日本。
以不動明王為中心，東有降三世明王，
南有軍荼利明王，西有大威德明王，
北邊則配置了金剛夜叉明王。

不動明王

五大明王之一。以「不動王」的暱稱為人所熟知

提到明王的特徵，那就是忿怒相了。明王之所以呈現忿怒相，是因為大日如來會依據說法對象的能力或性格而改變外貌，稱為「三輪身」。「自性輪身」指以如來的樣貌出現；「正法輪身」是以菩薩的樣貌出現，並以慈悲心給予正確的引導；以明王的樣貌出現為「教令輪身」。為了加強力道來教化煩惱深重之人，就需要依靠武器與忿怒的外貌。也就是說，不動明王是大日如來的教令輪身。

不動明王信仰在平安時代初期隨著密教由空海傳入日本，不僅成為鎮護國土的祈求對象，也受到結合山岳信仰的修驗道[1]重視。另外，由於健壯的外貌，被視為軍神而受到越來越多的武士信仰。另外，不動明王信仰也普及於大眾，其帶來的利益功德也變得多樣化。

※1結合密教、神道與道教的宗教，役小角（又稱役行者）為開山祖師。

背負著燒毀
煩惱使潔淨
的火焰
烘喔喔喔喔喔
胖嘟嘟的
兒童模樣
就算在火焰中也
不動如山！
好燙好燙
其實是在忍耐吧 !?

Profile

梵語
Acalanātha

隨從　矜羯羅童子、制吒迦童子、慧光童子、慧喜童子、阿耨達童子、指德童子、烏倶婆伽童子、清淨比丘

供奉不動明王的寺院

成田山新勝寺

千葉

約一百五十坪的大本堂，在不動明王前舉行御護摩祈福法會

御護摩
把護摩木投入火焰中燃燒，祈求願望實現
パチ
劈哩
パチ
啪啦
不動明王
佛像由空海開光
市川團十郎
喲　成田屋！

Profile

所在地　千葉縣成田市

本尊　不動明王

知名活動　節分會、成田山祇園會

經典名產　鰻魚

成田山新勝寺春分舉行盛大的節分撒豆活動，每年都成為熱烈討論的話題。持續千年以上的御護摩火祈福法會，吸引日本各地的信眾前來參拜。

成田山御護摩源自於寬朝大僧為了祈求平將門之亂早日平息，而舉行的護摩供。寬朝接受朱雀天皇敕命，從京城帶著由弘法大師空海以「一刀三禮」的儀式雕刻而成的不動明王遠赴成田，焚燒護摩，祈求和平。戰亂平息後卻無法移動不動明王將其帶回京城，寬朝也因此無法回京，便於西元九四〇年創建成田山。

江戶時代，歌舞伎演員初代市川團十郎以不動明王為題材，推出成田不動的曲目，受到民眾好評。成田屋的屋號也是初代祈求得子並得長男而取的。江戶出開帳[1]更推升了本尊受歡迎的程度。

※1將寺的本尊運到江戶公開展示。

降三世明王

祈求降伏壞人或成功戰勝的神明

所謂三世指貪、瞋、癡等三毒。貪是貪欲，瞋指瞋恚，癡就是愚痴，此三毒就是根本的煩惱。降三世明王跨越過去、現在、未來，在欲界、色界、無色界等三界降伏三毒。

此明王像腳踩兩個神的部分特別引人注目。此二神是印度教裡的大自在天及其妻烏摩妃。

降三世明王基本上有三面八臂，不過也有一面或二臂、四臂等。臉呈忿怒相，額頭上有第三隻眼，頭頂是豎直的怒髮。雙手在胸前交錯，小指相扣，結獨特的降三世印。腰繫虎皮裙，背部有火焰光背，持物則有金剛鈴、劍、羂索、箭、弓等。

對應金剛界五佛[1]的是東方阿閦如來的教令輪身。

※1金剛界中，除了以大日如來為中心之外，還有其他四佛，統稱為金剛界五佛。五大明王就是金剛界五佛的教令輪身。

以忿怒的形象
踩踏異教的神！
降伏貪、瞋、癡！
妻子烏摩妃
哎呀
大自在天
……

Profile
梵語
Trailokya-Vajra

軍荼利明王

以駭人的忿怒相趕走無數的阻礙

梵語Kuṇḍali的音譯為軍荼利明王，原為甘露或是蛇蜷成一團的意思。實際的佛像中，軍荼利明王的手腕與腳踝也都有許多蛇纏繞著。甘露是不老不死之藥，所以軍荼利明王也具有帶來無病消災的功德。

特徵是左右手在胸前交叉的大瞋印(也稱跋折羅印)。此明王的一面三眼八臂為代表性樣貌，前面第一雙手結大瞋印。

八隻手臂的手腕都戴上腕輪，腰繫虎皮與錦布，雙腳分別踩在兩朵蓮花之上。忿怒相與火焰光背是與其他明王的共同特徵。

軍荼利明王是南方寶生如來的教令輪身。

手腕腳踝被許多蛇纏住喲
不會覺得噁心嗎……
豎直的頭髮！
雙手交叉呈現獨特的姿勢
單腳舉起踩蓮花
歐啦

Profile

梵語
Kuṇḍali

大威德明王

以六張臉、六隻手、六隻腳打倒各種惡魔

大威德明王以六隻腳跨騎水牛，呈現獨特的姿態。

基本上有六張臉、六隻手與六隻腳。每張臉都有三隻眼，呈現忿怒相。手結的檀荼印也很罕見，雙手在胸前，兩手的小指與無名指互相交扣並伸直中指。其餘的手持劍、戟、棒等。

水牛給人在田地泥水中自在前進的印象，象徵可堅定突破世間各種阻礙。

梵語Yamāntaka中的Yamā指死神閻摩，āntaka指戰勝者，所以Yamāntaka就是打倒閻王的意思。也因此，大威德明王被視為可降伏惡人獲得勝利，也以祈求戰勝的神明受人崇拜。

六隻手
六隻腳
在胸前
伸直中指
結手印
騎乘可愛的
「水牛」
哞

Profile
梵語
Yamāntaka

金剛夜叉明王

以無窮大的力量粉碎煩惱的五眼明王

金剛有最堅硬、最優秀的涵義，也指金剛杵，所以金剛夜叉明王被視為可粉碎一切煩惱、汙濁與罪惡。因為這樣的特性也被崇拜為可消災解厄的神。不過金剛夜叉明王好像很少見到單獨供奉的情況。

最大的特徵是正面有五隻眼。平常的雙眼上面還有雙眼，額頭中央還有一眼。一般是三面六臂，六隻手持著弓、箭、五鈷杵、劍、鈴等物。腰繫虎皮裙，頭上頂著怒髮的忿怒相，火焰的光背與其他明王相同。經常採取雙腳分別踩踏兩朵蓮花且稍微舉起的獨特姿勢。

是金剛界五佛中，北方不空成就如來的教令輪身。

祈求除汙
消災的
忿怒相
五隻眼睛惡狠狠地
瞪著罪惡！
我看得一清二楚喔…
哼哼哼

Profile
梵語
Vajra-yaksa

醍醐寺

豐臣秀吉也讚嘆不已的「醍醐賞花」，為賞櫻的知名景點

Profile

所在地	京都府京都市伏見區
本尊	藥師如來
知名活動	豐太閤賞花隊伍、五大力尊仁王會
經典名產	醍醐水

醍醐寺[1]是密教寺院，也是修驗道的據點。空海大師的徒孫聖寶延續了空海的傳承，西元八七四年在京都皇宮的東南方山上建立醍醐寺。山頂附近稱為上醍醐，山腳下稱為下醍醐。起先在上醍醐建造各堂供奉准胝觀音、如意輪觀音，後來醍醐天皇在此皈依後，又在下醍醐建造釋迦堂，接著又在上醍醐建造藥師堂、五大堂。十世紀中期完成的國寶五重塔是京都最古老的木造建築。

　醍醐寺收藏許多密教的藝術作品，約有七萬五千五百件被指定為國寶。其中甚至還有草創時期塑造的如意輪觀音像、本尊藥師如來像等重要的佛像。

　另外，被譽為名作的五大明王雕刻像展現出驚人的氣勢，怒目而視的表情與俐落的姿態非常具有吸引力。

※　1「古都京都文化財」之一，於一九九四年列入世界文化遺產。

供奉五大明王的寺院

大覺寺

許多電影、電視節目出外景的舊皇宮

京都

嵯峨天皇喜歡在中秋
搭船賞月，與貴族同遊
而開啟了這樣的活動
賞月晚會
乘船周遊大澤池

軍荼利明王
五大明王像
名佛師明圓之作
不動明王以外的佛像都是模仿東寺講堂的佛像
不可小覷的震撼力
大威德明王

Profile

所在地	京都府京都市右京區
本尊	五大明王
知名活動	華道祭、宵弘法、賞月活動
經典名產	九曜菊、麩仙貝

大覺寺擁有可觀賞池塘景點的殿堂，以及美麗的白砂庭園，彷彿集結了京城一切精華的古剎。大覺寺起源於空海大師在嵯峨天皇的離宮供奉五大明王像，並在此修習祕法。

西元八七六年恒寂法親王將離宮改為寺院，創建大覺寺，也稱為嵯峨御所。寺內敕封的「般若心經」是嵯峨天皇書寫，由空海供奉，每六十年開封一次。現在寺內也盛行抄寫心經的活動。

本尊為五大明王。寺內供奉著平安時代後期名佛師明圓打造的木像，以及昭和時代由松久朋林、宗琳父子完成的佛像。客殿與宸殿收藏了以狩野山樂為首的狩野派隔扇畫，建築物內部也極為豪華氣派。另外，這裡也是具有威望的「花道嵯峨御流」的總部。

愛染明王

江戶時代守護花魁或藝人的本尊

燃燒得火紅的身體與鮮紅太陽的大圓光，顯露出愛染明王的熱情，與其他大多數藍黑色身體的明王對比鮮明。身上的紅色象徵愛欲。愛染明王不會強硬地消除愛欲帶來的煩惱，而是將煩惱昇華，轉為開悟的能量，因此以「煩惱即菩提」[1]之本尊為眾人所信仰。平安時代後期也因具有可提升人際關係方面的尊重、抵禦外敵等功德，廣為貴族階級所信仰。鎌倉時代蒙古入侵，人民特別期待愛染明王帶來擊退外族的利益功德。另外，由尊重的功德，也衍生為祈求戀愛成功的功德。

頭上戴的獅子寶冠為其特徵。大部分是一面三眼六臂，手持象徵金剛愛的弓與箭，蓮台下方有寶瓶。

※ 1認為煩惱與開悟其實是一體兩面。

紅色肌膚呈現出陷入愛欲煩惱的泥淖
黏稠～
驚人神壺可變出寶物

Profile
梵語
Rāgarāja

供奉愛染明王的寺院

三井寺

滋賀

與東大寺、興福寺、延曆寺等並列為日本四大寺

桃山時代書院造的代表性建築一之間、二之間裡面有狩野派的障壁畫
光淨院客殿
國寶

護法善神像
以千團子為供品
指鬼子母神為了餵養小孩
愛染明王像
不怎麼嚇人的表情
苗條而修長

Profile

所在地	滋賀縣大津市
本尊	彌勒菩薩
知名活動	千團子祭、本山採燈大護摩供
經典名產	三井寺力餅

七世紀左右創建的長等山園城寺[1]，是長年備受政治影響的名剎。平安時代，自唐返日的僧侶圓珍重新振興該寺。三井寺這個別名，據說源自於寺中井泉被用來作為天智、天武、持統等三天皇的洗澡用水。

十世紀後半起，天台宗的圓仁派與圓珍派對立，延曆寺被稱為山門，三井寺被稱為寺門，雙方不斷互相征討火攻。甚至三井寺也與源平之爭、南北朝的抗爭扯上關係，遭到無數災禍而焚毀，最後被豐臣秀吉廢寺。

雖歷經無數困境，最後三井寺在江戶時代復興，現在廣大的寺院境內還保存著金堂、光淨院客殿等國寶級伽藍。不僅是收藏珍貴佛像、佛畫的寶庫，其中十一面觀音像、不動明王像、愛染明王像等，都被列為國家指定的文化財。

※　1三井寺的正式名稱。

孔雀明王

乘坐在開屏孔雀上的優雅明王

自古以來，孔雀在印度就被視為益鳥、吉祥鳥，受到尊重。

孔雀明王的信仰在日本始於奈良時代。孔雀明王也是祈雨、消災的「孔雀明王經法」的密教修法本尊。在山岳修行者之間頗受歡迎，連修驗道的開山祖師役小角（役行者）也信奉孔雀明王。平安時代以後也普及貴族之間。

孔雀明王在忿怒相的明王中，呈現罕見沉穩神情的菩薩型態。因其女性化的外形，故別名也稱為「孔雀王母」、「佛母大孔雀明王」。身上穿戴著絲綢、寶冠以及瓔珞。通常為一面四臂，手持吉祥果（石榴）、孔雀尾羽、俱緣果（檸檬類水果）、盛開蓮花，沒有武器。光背是孔雀開屏的模樣。

明王中罕見的沉穩表情
背後開展羽毛的模樣
有如寶塚女子
豪華～
吉祥鳥孔雀

Profile
梵語
Mahāmāyūrī

供奉孔雀明王的寺院

總本山金剛峯寺

和歌山

開創一千二百年的高野山，範圍遍及整座山

Profile

所在地	和歌山県伊都郡高野町
本尊	阿閦（藥師）如来
名物行事	ろうそく祭り（萬燈供養会）
王道土産	高野豆腐

西元八一六年，弘法大師空海獲得嵯峨天皇賜予高野山，並開創為眞言密教的禪修道場。當時金剛峯寺指的是整座高野山，現在則以總本山金剛峯寺稱呼整座高野山，山中的一座寺院則稱為金剛峯寺，以此區別。山中有一百一十七座塔頭，其中有五十二間寺院是可供住宿的宿坊。分別以壇上伽藍與奧之院為中心的區域中，壇上伽藍包含了總本堂的金堂、象徵根本道場的根本大塔；奧之院這個神聖之處，則蓋了於西元八三五年入定的空海的御廟。參道上，二十萬座的墓、供養塔接連不斷。

高野山傳承的許多佛像、佛畫在密教藝術史留下美名，知名的有運慶製作的矜羯羅童子、制多迦童子。優雅華麗的孔雀明王像也是出自快慶之手。

大元帥明王

舉行擊退外敵的國家機密修法之本尊

梵語Atavaka指住在寬廣原野者，原本是住在原野中吃人的惡神。

此明王擁有平息疫情、鎮護國土的能力。朝廷中則舉行擊退外敵、鎮護國土的「大元帥法」法會。自平安時代空海的弟子長曉將大元帥明王帶入日本以來，一直到明治時代初期，每年都舉辦大元帥法的祈福法會。

佛像的臉與手的數目並無一定，一面四臂、四面八臂等都有。右手握拳並立起食指與小指，結特殊的大怒印。佛像身體有蛇纏繞、踩踏兩隻惡鬼，或是身上掛骷髏造形的瓔珞等，在明王中顯現最駭人的外貌。

蛇纏繞在
黑色身體上

Profile
梵語
Atavaka

供奉大元帥明王的寺院

秋篠寺

優雅女神佇立著，優美寧靜的苔蘚庭園

奈良

伎藝天
獨特的柔順線條之美，是知名的佛像
結特有的手印
綠色地毯!?才不是，這是鋪滿一整片青苔的秋篠寺庭園
雖有2m高，不過呈現出優雅的氛圍故無壓迫感

簡潔之美
本堂

鎌倉時代典型的和式建築

Profile

所在地	奈良縣奈良寺
本尊	藥師如來
知名活動	大元帥明王立像特別開扉活動

以擁有美麗動人的伎藝天像而聞名的秋篠寺，是不屬於任何宗派的獨立寺院。秋篠寺是奈良時代末期，由光仁、桓武天皇敕願所建立的官寺。桓武天皇建立七堂伽藍，但在平安時代結束時被戰火波及，除了講堂以外的所有建築全部燒毀。殘留的講堂成為本堂，在鎌倉時代重建，現在已入列國寶。金堂與塔的原有基地早就被一整片的青苔覆蓋。

雖然建築物被燒毀，所幸還留下許多被列為國家文化財的優美佛像。除了佛像中少見的伎藝天之外，也能在本堂參拜本尊藥師如來、脅士日光菩薩與月光菩薩、隨從十二神將、地藏菩薩、梵天、帝釋天等佛像。另外，大元堂中供奉一年只公開一次的祕佛大元帥明王。

烏樞沙摩明王

在天台宗也被列為五大明王之一

烏樞沙摩來自於梵語Ucchusma的音譯，原指印度火神阿耆尼，也有「火頭金剛」、「不淨潔金剛」等別稱，具有燒毀不淨、罪惡，並轉換成潔淨的能力。因為擁有這樣的神力，所以民間信仰認為若舉行密教的修法「烏樞沙摩法」，就可消除汙濁。

在民間信仰上，烏樞沙摩被視為廁所的守護神，保佑信眾即使老後，如廁之事也無需仰賴他人幫忙。另外，由於諸佛開悟時也得驅逐前來阻礙的惡魔，所以烏樞沙摩立誓要成為力士降伏妖魔。

關於外貌方面，除了一張臉呈現忿怒相之外，與其他明王幾乎無共通點，手的數目不一，手持之物也非常多元。

掌管廁所之神！
多為舉起單腳的姿勢
清除所有的汙濁
哎
各式各樣的手持物品

Profile
梵語
Ucchusma

供奉烏樞沙摩明王的寺院

富山

瑞龍寺

擁有巨大寺院的名刹，開創高岡的前田利長長眠於此

七堂伽藍

宋帝國的禪宗把寺院建築的配置對應到人體上

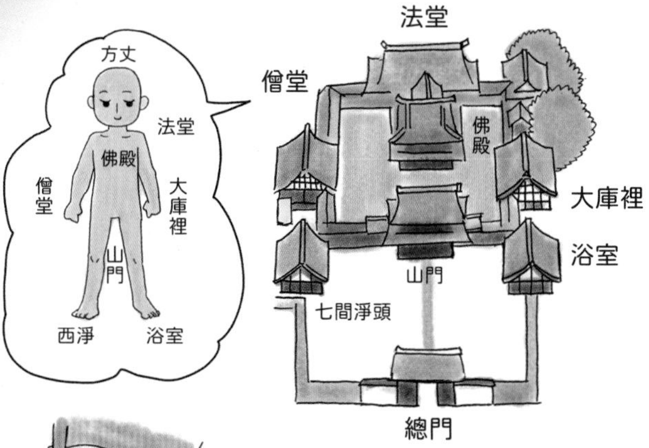

佛殿　瓦為鉛板

Profile

所在地　富山縣高岡市

本尊　釋迦如來

知名活動　解病溫灸活動

經典名產　鱒魚壽司、蕪菁夾鰤魚壽司御燒餡餅

瑞龍寺壯觀的伽藍配置令人看了驚嘆不已。寬闊而開放的境內總門、山門、佛殿、法堂等呈一直線排列，周邊由形成四方形的迴廊連接，僧堂與大庫裡左右對稱。這是根據漢傳禪宗的建築風格所建造的「七堂伽藍」。

這裡是加賀前田家二代當家利長的菩提寺。三代的利常開始建造伽藍[1]，花費二十年的時間完成。當時周圍有壕溝，具有保護城郭的作用。白色發光的屋頂是美麗的國寶佛殿，使用罕見的鉛瓦。內部挑高的天花板以如蝦身般彎曲的海老虹梁組裝，技法雖複雜但呈現造形的美感。同為國寶的法堂是總檜造。隨處可見江戶初期的技法，以花草為題材的天井畫也是必看亮點。

近年聚集人氣的是烏樞沙摩明王像，在此可取得明王的御守護身符。

※1 瑞龍寺的前身是利長在富山創建的法圓寺，後移到高岡。

提到江戶
三葉葵家徽
提到東京
東京鐵塔
一次可滿足這兩件事
來到了增上寺
增上寺
IG打卡熱門景點！
ドーン
喀擦
Hi!
也有許多外國觀光客
增上寺是淨土宗七大本山之一
創建於1393年
作為德川家的菩提寺
江戶時代香火鼎盛
難怪看起來如此宏偉……
好哀傷啊
想穿過為了弔唁早夭嬰孩而設立的可愛地藏隊伍……
隊伍好長
穿不過去

那邊有厚重的門
好壯觀～
原本是祭祀德川家代代的靈廟
嚇～～
ずおーん
秀忠的墓
The
大人的風格！
以前還更豪華，但全被燒毀
寶物展示室裡有模型喲！
明信片
增上寺周圍
濱離宮
舊芝離宮
增上寺
還有濱離宮等很多景點
喔ー
除了參訪寺院
也能夠欣賞公園綠地
呀啊
好柔軟呀～
最後前往電視節目也經常介紹的那個知名寺院……
ビョオーオーオォ
風蕭蕭～

接續154頁

Chapter 5

天的世界

佛教認為每一個小世界裡，
都有一個矗立於中心的須彌山。
宇宙則是從上而下，
形成無色界、色界、欲界等三界，
每界之中分為好幾個天。
天部的神所處的地方就是這個天。
例如，帝釋天就住在忉利天的善見城，
大自在天住在色界的最上層，也就是色究竟天。

四天王

分別立於須彌壇的四個方位，守護須彌山世界

四天王乃指守護須彌山世界的守護神，也就是持國天、增長天、廣目天、多聞天等四尊神明。

須彌山的周圍有北俱盧洲、東勝神洲、南贍部洲、西牛貨洲，四天王則居住在須彌山山腰的四大王眾天裡，各自負責四方四洲的守護任務，隸於帝釋天之下。

四天王在印度的佛傳圖等初期階段就已經出現了，最早顯露的是類似菩薩的沉穩神情，而非現在的忿怒相。傳到中國則改變成身穿甲冑的武將外貌。

四天王信仰幾乎與佛教同時傳入日本，飛鳥時代開始為民眾所信仰。根據《日本書紀》的

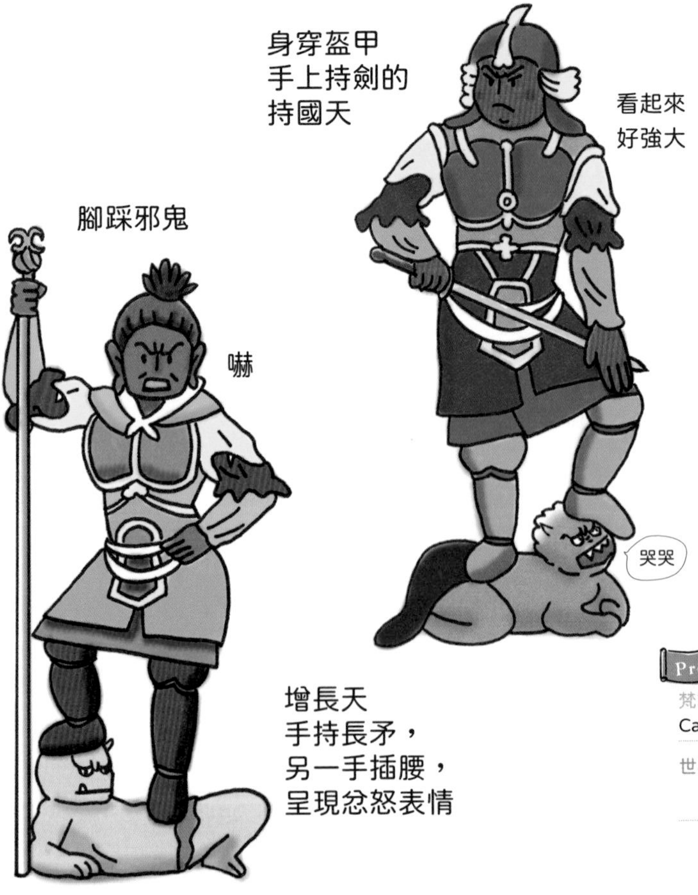

身穿盔甲
手上持劍的
持國天
看起來
好強大
腳踩邪鬼
嚇
哭哭
增長天
手持長矛，
另一手插腰，
呈現忿怒表情

Profile

梵語
Caturmahārāja

世界　四大王眾天。屬欲界中六欲天的第一天

記載，崇佛派的蘇我氏與排佛派的物部氏爭鬥時，聖德太子曾向四天王祈求蘇我氏能夠勝出。最後蘇我氏果眞獲勝，大阪就建立了四天王寺。

持國天——守護東方，置放於須彌壇東南。擁有各種持物，大部分是劍或矛等。隨從有乾闥婆與毘舍遮。

增長天——守護南方，置放於須彌壇西南。持物有棒、長戟與矛等。隨從有鳩槃荼、薜荔多。

廣目天——也被稱為千里眼。守護西方，置放於須彌壇西北。特徵是右手持筆，左手持經卷，不過也有的佛像手持戟。隨從有諸龍王。

多聞天——四天王中武力最強大的神。單獨供奉時稱為毘沙門天。守護北方，置放於須彌壇東北。顯眼的標誌是右手持寶塔，左手握金剛棒或戟。隨從是諸夜叉。

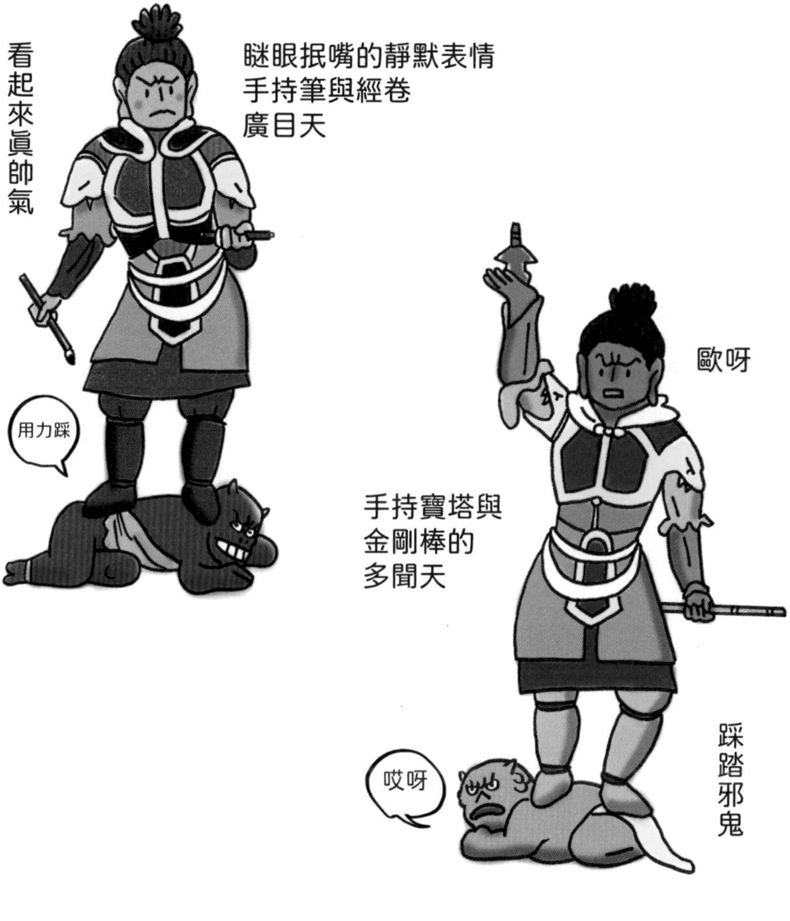
瞇眼抿嘴的靜默表情
手持筆與經卷
廣目天
看起來眞帥氣
用力踩
歐呀
手持寶塔與
金剛棒的
多聞天
踩踏邪鬼
哎呀

當麻寺

奈良

在華麗的天井畫底下，臨摹中將姬的筆跡抄經

奈良時代
藤原豐成
的女兒
自小就信仰
觀音菩薩
在當麻寺
出家
中將姬
中將姬一夜之間
編織完成
當麻曼荼羅
4m 的方形大作
四天王像
由我們
守護四方！！
廣目天
增長天
多聞天
持國天

Profile

所在地	奈良縣葛城市
本尊	當麻曼荼羅
知名活動	練供養法會
經典名產	中將麻糬餅、陀羅尼助腸胃藥

當麻寺的本尊，是奈良時代的中將姬使用蓮花織維，在一夜之間織就傳說中的當麻曼荼羅。當麻寺最早的起源[1]，據傳是聖德太子之弟麻呂子建立的萬法藏院。西元六八一年當麻氏移到現址，由役行者改成寺院，金堂中供奉彌勒佛。最早原本是修習學問的寺院，西元八二三年空海在此閉關之後，把該寺轉為信仰曼荼羅的眞言密教寺院。後來進入淨土宗，現在該寺屬於眞言與淨土二宗。

創建時的本尊彌勒佛為如來型態，是日本最古老的塑像，也是國寶。金堂內的須彌壇中央坐著彌勒佛，四方則由神情沉穩的四天王守護著。存放本尊當麻曼荼羅的櫃子也是國寶，放置在本堂（曼荼羅堂）。

※ 1起源有各種說法，最有力的說法是當麻氏的菩提寺。

供奉四天王的寺院

圓成寺

樓門前寬闊的理想淨土庭園

奈良

Profile

所在地　奈良縣奈良市

本尊　阿彌陀如來

知名活動　不動尊護摩供養法會

圓成寺的淨土庭園有如在森林中重現平安時代的雅緻景色。建造於平安時代末期，當時島上架橋通往南北兩岸，與阿彌陀如來所在的本堂連結成一直線的參道。

據傳圓成寺是因聖武上皇、孝謙天皇的敕願，於西元七五六年由唐僧虛瀧所開創[1]。最早稱為忍辱寺，後因應仁之亂，伽藍幾乎全燒毀，移到京都改名為圓成寺。建築物大部分是室町時代以後重建的，不過國寶的白山堂、春日堂為現存最古老的鎌倉時代春日造建築。

這裡最受歡迎的國寶是大日如來像，也是運慶最初期的作品。手結智拳印，型態端正。本尊的阿彌陀如來像、守護如來的四天王像等，都是知名作品。

※1創建的歷史有各種說法，史實認為西元一〇二六年僧侶命禪安置十一面觀音像為真正起源。

梵天

力勸釋迦展開說法之旅，以鵝為坐騎

談到釋迦的故事，不能不提到「梵天勸請」這一段。釋迦經過長時間冥想靜坐之後終於開悟，但是考慮到眞理深奧難懂，眾生難以理解，所以猶豫著是否要為眾生說法。這時梵天出現，力勸釋迦應為眾生說法拯救世界；最後釋迦感受到梵天的熱情，決定說法。

梵天神像的型態在密教傳來的前、後各有不同，初期是一面二臂，後來變成四面四臂。一面二臂的時代通常是身穿中國風服裝的立像，手持拂塵與寶鏡等。若是四面四臂，特徵是坐在四隻鵝背上的蓮台。身著條帛、裙、裝飾品等，手持蓮花、水瓶等物品並結與願印。

四面，四臂
位於帝釋天的右側
如童話故事般，
坐在鵝上面
嘎
鵝也有四隻

Profile

梵語
Brahmā

世界　色界的初禪天

帝釋天

須彌山頂上，欲界第二天「忉利天」的善見城之主

常與梵天成對造像的是帝釋天。帝釋天的造形也在密教傳來前、後有所不同。以前的造形與梵天極為相似，不同點在於衣服裡還穿有盔甲，手持伐折羅（金剛杵）。密教傳來後，帝釋天變成一面二臂騎乘六牙白象。穿著盔甲或羯磨衣，持物為獨鈷杵或伐折羅，另一手握拳插腰。

帝釋天是印度神因陀羅。因陀羅是把天空神格化的神，所以也被視為降雨的雷霆神，並衍生為戰鬥的戰神。帝釋天與阿修羅戰鬥勝利後，促使阿修羅皈依佛教。

釋迦誕生與出家時，帝釋天都曾出現，佛傳圖中有梵天以及帝釋天。佛教經典中也有帝釋天護持釋迦成道與教化的故事。

妻子多達
50萬人！
身穿盔甲
呈現戰鬥的特性
佛界第一色男
帥氣的五官
與白象非常搭配
咆

Profile

梵語
Indrah

世界　須彌山頂上欲界第二天的忉利天中的善見城（喜見城）

供奉梵天／帝釋天的寺院

唐招提寺

雙眼失明仍堅持渡日，鑑眞和上的私院

奈良

金堂

明治時代進行修繕時，
將屋頂改造成西式的桁架結構

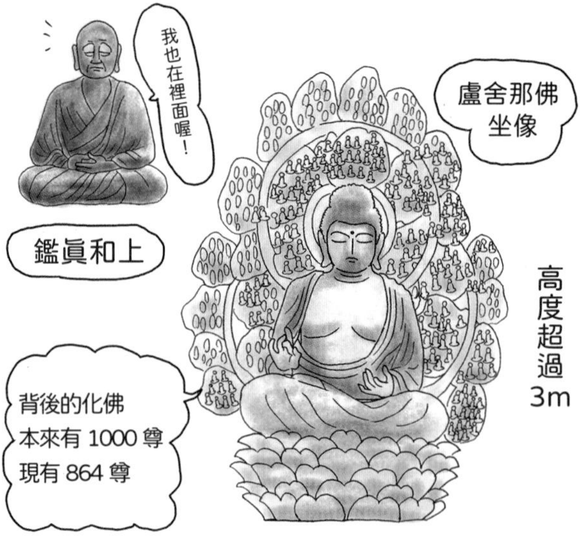
我也在裡面喔！
鑑眞和上
盧舍那佛坐像
高度超過3m
背後的化佛
本來有 1000 尊
現有 864 尊

Profile

所在地	奈良縣奈良市
本尊	盧舍那佛
知名活動	拋團扇（中興忌梵網會）
紀念品	寶扇、天平香

唐招提寺[1]是由鑑眞和上開創的律宗之根本道場。鑑眞和上是唐國高僧，也是戒律權威。當時日本沒有熟知授戒的人，鑑眞被邀請赴日傳法。這當中經歷了十二年，五次渡航前往日本均告失敗，第六次成功抵達日本時，鑑眞已經六十六歲。西元七五九年研讀戒律並獲天皇賜予新田部親王舊宅，因而開創唐招提寺。當時平城宮的東朝集殿[2]移築並改建而成的只有講堂、經藏與寶藏。鑑眞和上在此時結束一生。國寶的金堂是鑑眞和上圓寂後的八世紀後半，由弟子如寶建造，完成整體伽藍則是在平安時代初期。

　國寶的鑑眞和上像是日本最古老的肖像雕刻作品，其他還有盧舍那佛、梵天、帝釋天、四天王等諸多國寶佛像。

※1「古都奈良文化財」之一，於一九九八年列入世界文化遺產。

※2朝廷大臣出任官職前居住的宮

毘沙門天

七福神之一，武將信仰的戰神

四天王之一的多聞天，別名毘沙門天。在印度教裡稱Kubēra，是守護北方，給予財富與福德的神明。

日本平安時代初期，毘沙門天信仰開始普及，為了守護皇族的住所，而在現京都中心地區平安京北邊的鞍馬寺供奉毘沙門天。

另外，武將也將毘沙門天視為戰神而虔誠信仰。戰國時代的名將上杉謙信篤信毘沙門天出名，不僅在春日山城建造毘沙門堂，戰旗中也放入「毘」字。上杉後來還自認是毘沙門天的化身。毘沙門天信仰普傳民間之後成為福德之神，利益功德也隨之改變。

外形是穿著盔甲的中國武士，但頭上沒有戴頭盔。主要的持物是寶塔與戟。

多聞天的別名
哼哼
也列入了
七福神的
人氣神 !!

Profile

梵語
Vaiśravaṇa (Kubēra)

世界 四大王眾天。屬欲界六欲天的第一天

隨從 諸夜叉

吉祥天

母親為鬼子母神，連僧侶也愛戀的美麗天女

美麗女神之代表吉祥天，是掌管美麗與幸福的印度神明拉克什米。具有帶來五穀豐收、國泰民安的利益功德。

吉祥天信仰從奈良時代起就非常興盛。吉祥天不僅是美女的代名詞，《日本靈異記》也收錄了僧侶愛戀吉祥天的故事。

奈良時代後半到平安時代，朝廷舉辦「吉祥悔過會」等法會，是以吉祥天為本尊，懺悔罪過、鎮護國土或祈福的祈願法會。室町時代以後，人氣逐漸轉移到與日本傳統神明結合的辯才天。

神像的容貌有如唐帝國時代的優雅美麗貴婦。特徵是左手上的圓形寶珠，右手結與願印或施無畏印。

華麗的天女之姿
以中國女性貴族的打扮為本
手上拿著寶珠
我是名媛～

Profile

梵語
Śrī-mahā-devī

供奉毘沙門天／吉祥天的寺院

京都

鞍馬寺

源義經向天狗習武的「牛若丸」傳說之舞台

毘沙門天三立像
毘沙門天
嗯！
善膩師童子
眺望京城的姿態
兩人生下五男中的么兒
毘沙門天的妃子
吉祥天
ヤー
跟隨天狗修行的牛若丸
7 歲起之後 10 年都在此生活

Profile

所在地	京都府京都市左京區
本尊	尊天
知名活動	伐竹法會、義經祭
經典名產	滷花椒樹芽、牛若餅

近年來，鞍馬寺以京都最知名景點而受關注，此寺據傳是六百五十萬年前，魔王聖納・庫瑪拉[1]從金星降臨此地傳承至今，本尊就是從該宇宙來的護法魔王、毘沙門天與觀音等三位一體而形成的「尊天」。尊天每六十年開帳一次。

西元七七〇年鑑眞的弟子鑑禎依照夢境的指引，在鞍馬山祭祀毘沙門天，據說這是該寺的起源[2]。

左手遮光眺望遠處的毘沙門天，以及脅士的吉祥天、善膩師童子等三尊佛像是評價極高的國寶。製作於平安時代也是現存最古老的三尊形式佛像。其他還可見到兜跋毘沙門天立像等各種毘沙門天像。

※1也有說法是由「聖納・庫瑪拉」（Sanat KUMARA）演變成「鞍馬」（KURAMA）。

※2也有一說是西元七九六年，建造東寺的長官藤原伊勢人將毘沙門天與千手觀音供奉於鞍馬山。

辯才天

以演奏琵琶像而聞名的藝術、音樂之神

辯才天的起源，是印度聖典中把河川神格化的薩拉斯瓦蒂。起初是豐饒土地的河川之神，後來發展成為音樂之神，甚至結合口才之神而成為學問之神。辯才天隨著吉祥天一起傳入日本，由於水神的特性，所以全日本的島上、水邊都會建造辯天堂。隨著辯才天的信仰滲透民間，財富、開運之神的特質也受到信眾注意，並成為七福神之一。

辯才天信仰始於奈良時代，主要是一面八臂的型態。身穿唐代貴婦衣裳的美女，八隻手都拿著武器，這樣的外形頗具衝突性。鎌倉時代以後也出現了宇賀辯才天，亦即辯才天頭上頂著既是蛇神也是穀神的宇賀神，身邊還伴隨著十五童子。

與日本信仰結合，所以頭上出現鳥居

非常受歡迎的神明！也出現在七福神之中喲！

與人頭蛇身的宇賀神同框

Profile

梵語

Sarasvati

大黑天

手上的小槌為福氣的象徵

梵語的Mahākāla是印度教濕婆神的別名，也就是戰鬥之神。在佛教成為大自在天的化身。在密教的傳說中，大日如來命令濕婆神擊退稱為荼吉尼天的鬼神時，濕婆神就化身為大黑天。由於大黑天在漢地是廚房之神，所以把大黑天信仰傳入日本的最澄便將大黑天供奉在延曆寺的廚房裡。

另有一說，由於大黑的日文發音是「DAIKOKU」，所以不知何時大黑天也與神話「因幡的白兔」裡的大國主命被視為同一尊。最後，大黑天以財富、農作之神為百姓所信仰，現為七福神之一。

在印度的大黑天是三面六臂的可怕外形，不過在日本則完全不同，主要都是揹著大福袋的微笑姿態。

手持小槌
不是聖誕老公公
來發送整袋的
具有保佑生意興隆

Profile
梵語
Mahākāla

鬼子母神（訶梨帝母）

原為一般鬼神，後成為順產、育兒、豐饒之神受民眾虔誠信仰

鬼子母神，或稱訶梨帝母，為梵語Hariti的音譯。原本是犍陀羅國的鬼神般闍迦夜叉的妻子，夫妻總共有五百名小孩[1]。

鬼子母神總是不斷重複著偷食他人幼子的惡行，信眾束手無策只好求助釋迦，於是釋迦便把鬼子母神的么兒藏起來。鬼子母神發了狂似地遍尋不著自己心愛的幼兒，在她哭泣悲嘆時，釋迦現身並告訴鬼子母神「你有五百個小孩，只少了一個就這麼痛苦，被你吃掉小孩的那些父母又會有多麼心痛呢？」然後歸還小孩。後來鬼子母神皈依佛教，成為善神。現在鬼子母神成為守護神，以被幼兒圍繞的天女姿態呈現。

※ 1也有千人、萬人之說。

從恐怖的故事一變
成為溫柔母親的姿態
令人動容……
祈求順產、
育兒
一定要拜
咕咕
手持石榴

Profile

梵語

Sarasvati

仁王（金剛力士）

位於山門左右顯露威嚴，守護寺院

仁王站立於寺院大門兩側，守護伽藍，對於一般庶民百姓而言是非常熟悉的神。仁王像的共通點是一面二臂的忿怒相，裸露上半身展現出結實的肌肉，下半身則繫上衣裙，代表性的持物是金剛杵。

仁王原本是執金剛神，也是守護釋迦單獨供奉的神，後來逐漸演變成以二尊一對的型態安放在寺院大門兩側。基本上，面對神像，右邊（東）是張口的阿形，左邊（西）是嘴唇緊閉的吽形。阿形也稱為金剛或金剛力士，吽形也稱為力士或密迹力士。

另外，仁王也出現在佛經中一千零二名王子的故事裡。據說一千零二名王子中，有千名王子成佛時，名為法意的王子成為執金剛神，法念王子成為梵天，兩人誓言守護成佛的兄弟們。

看守大門
The 守衛
阿
嘴巴大大地張開
發出「阿」的阿形
結實肌肉
吽
雙唇緊閉的吽形
只要有這兩尊神明在，
安全就可獲得保障

Profile
梵語
Vajrapāṇi

歡喜天（聖天）

弟為韋馱天，妹為伎藝天的象神

歡喜天的外形是象頭人身，非常奇特。雖然有一身像或雙身像，不過在日本的主流是兩尊合抱的型態。為印度教最崇高的神濕婆與妃子帕爾瓦蒂的兒子甘尼許。兩尊合抱型態的佛像分為男天與女天。

男天是甘尼許的前身，也是帶來煩惱與苦難的魔王毘那夜迦。男天追求女天的肉體時，其實是十一面觀音化身的女天，提出了男天必須皈依佛教的條件。後來男天答應了，也成為守護佛法的善神。女天的腳踩住男天的腳以提醒他要約束自己的行為。

甘尼許原本是除難、福德之神，不過擁抱型態的歡喜天也被視為具有夫妻恩愛、求子等利益功德。

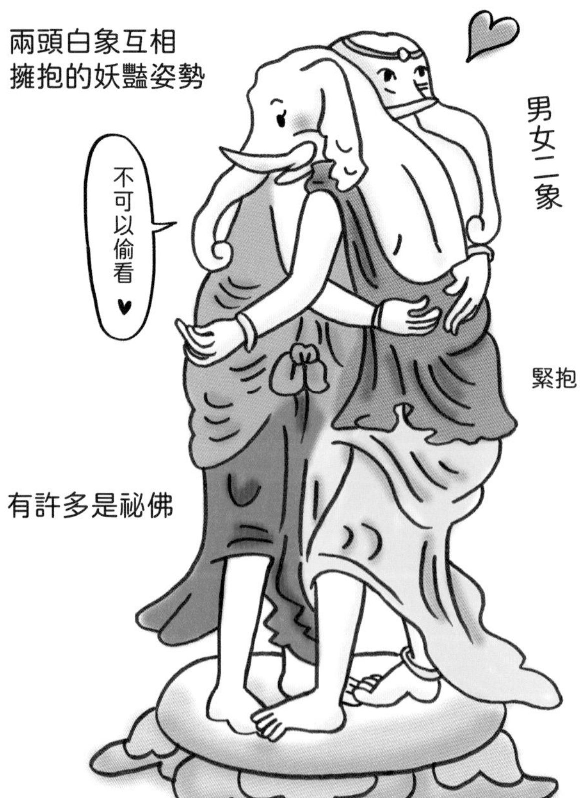

Profile

梵語

Mahārya-nandikeśvara

閻魔（焰摩天）

手持人頭幢裁判死者生前之行為，為地獄之首

閻魔的梵語是Yāma。根據《吠陀經》的記錄，以前的人類不會犯罪，也永恆不死，但是隨著罪業的累積，壽命開始有了限度，而最早的那名死者就成為閻魔。在神話中，閻魔死後仍住在天上，不過此信仰傳入民間之後，就演變成掌控冥界制裁死者的王，住處也變成在下界。被引進佛教後就稱為焰摩天。

外形通常身穿道服，右手持笏，為宋代判官的型態。不過在曼荼羅中則躺在水牛背上，手持稱為人頭幢的手杖。

在中國流傳著「十王信仰」，認為死後的世界中有個以閻魔王為首的十王群組，每位分別負責審判不同的罪狀。

好～恐怖的閻魔大王
是中國判官的造形
手上有一尊
地藏菩薩
我在地獄中等你 by 閻王
我不要～

Profile

梵語
Yāma

隨從　太山府君、荼吉尼、遮文荼、五道大神、司命、司錄、俱生神

摩利支天

中世以後，成為日本武士所信仰的武藝之神

摩利支天，是把因水氣造成陽光折射的陽炎現象神格化的女神摩利支。傳說帝釋天與阿修羅打仗，摩利支天遮蔽了陽光與月光以協助帝釋天。也有傳說摩利支天為梵天之子，在印度以消災除禍、增進利益之神而廣受信仰。

由於具有如陽炎般的隱身特性，所以不會被看到，自然也不會被傷害。由於自己看得到對方，所以摩利支天擁有能夠找到任何解決方法的利益功德。也因此在日本成為武藝之神，成為祈求護身、勝利、財富的「摩利支天法」的本尊。

佛像的型態為一面二臂的天女，或是三面六臂或八臂，且站立在豬背上的模樣。

健壯又活潑的少年姿態
好像動畫裡的角色！
站在一頭奔跑中的豬背上

Profile

梵語
Marīci

荼吉尼天

印度的食人鬼，在日本成為騎乘白狐狸的天女

荼吉尼天是由梵語Dākinī音譯而來。荼吉尼曾經是吃人類心臟與肉的夜叉，後來被大黑天收服而成為善神。由於具有察覺人將於六個月後死亡之神通，所以被允許待在臨終者旁，等待死後吃食。在日本產生了荼吉尼天為狐狸神的民間信仰，並與日本傳統信仰中以狐狸為使者的「稻荷神」結合。被奉為掌管農耕的稻荷神，也衍生成可帶來生意興隆、出入安全等利益功德。

在印度的形象是會吃人手腳的可怕裸體女鬼，不過日本的荼吉尼天則是跨騎白色狐狸的天女形象。基本上為一面二臂，也有三面的佛像，左手拿寶珠，右手持寶劍。

因為與
稻荷神合體，
所以坐在
狐狸背上
神佛
合體型
寶珠
空空

Profile
梵語
Dākinī

韋駄天

以「韋駄天速度」而聞名，腳程很快的僧房守護神

韋駄天是腳程快的代名詞。故事的由來是釋迦入滅，遺骸火化荼毘之後，有個名為捷疾鬼的羅剎盜走釋迦的牙齒（牙舍利），因為據信供養聖人的舍利（遺骨）將可獲得福報。韋駄天追到須彌山的山頂上、取回牙舍利，從此韋駄天就以腳程快而聞名。

韋駄天是驍勇善戰的善神，被安置在伽藍中作為寺院的守護神。另外，禪宗的寺院通常將韋駄天供奉在廚房或食堂等處，代表飲食無缺之意。韋駄天也是跟隨增長天的八將之一。

佛像是穿著中式盔甲的武士，合掌的雙手上橫放著寶劍。

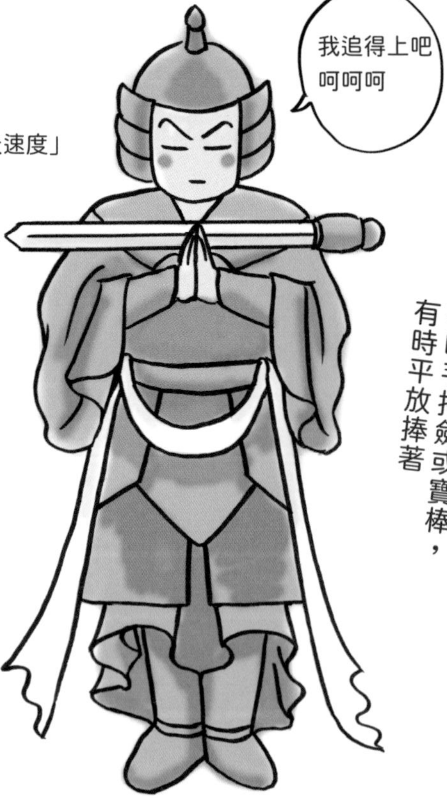
因為腳程快，衍生出「韋駄天速度」的說法
有時手持劍或寶棒，有時平放捧著

Profile

梵語

Skanda

深沙大將

《大般若經》的守護神，列於十六善神圖之中

《西遊記》故事中為人所熟知的三藏法師，其原型是玄奘三藏這位真實存在的唐代大師。

據說玄奘三藏為了求經遠赴印度，並在沙漠中病倒，這時深沙大將出現幫助玄奘法師度過難關。

深沙大將的信仰是平安時代初期，由密教僧侶常曉從唐帝國傳入日本。具有消災、獲得利益等功德。

外形是奇特且半裸的鬼。脖子上掛著骷髏串成的頸飾，左手上有蛇纏繞，和服褲裙的膝頭上有象頭。還有，肚子上浮現一個小孩的臉。手上持鉢，或手握蛇、戟等。

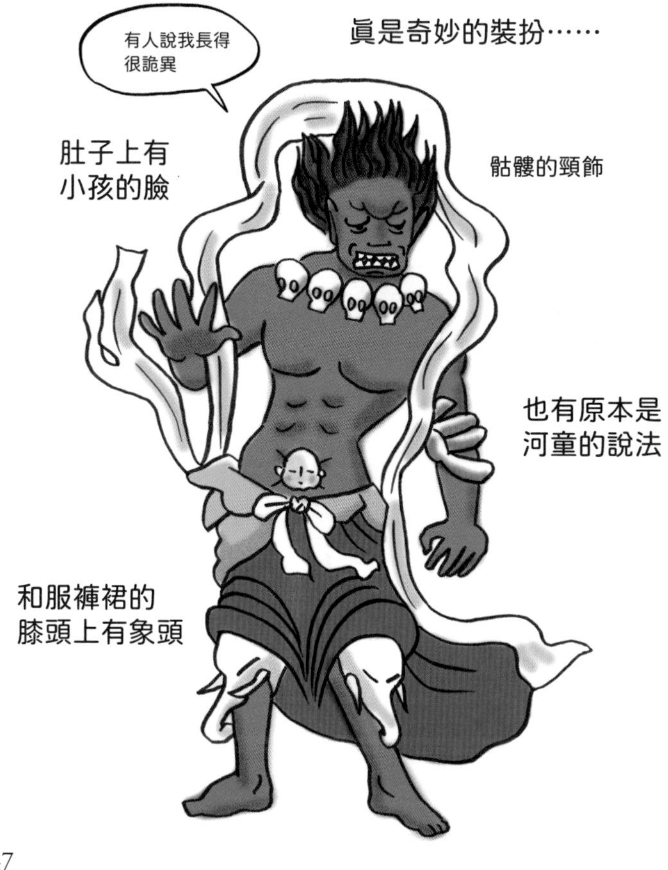
眞是奇妙的裝扮……
有人說我長得很詭異
肚子上有小孩的臉
骷髏的頸飾
也有原本是河童的說法
和服褲裙的膝頭上有象頭

八部眾

印度惡鬼改過向善，成為釋迦的侍從

八部眾是釋迦的隨從。最早是古印度的惡神、鬼，被釋迦教化後皈依佛教，成為護法善神。

天——指整個天部。是被引進佛教的印度神總稱。

龍——蛇被神格化之後的神，擁有降雨的神力。出現在釋迦誕生、修行中、說法時等各場面。

夜叉——鬼神的總稱，守護佛法。最具代表性的就是藥師如來的隨從十二神將。夜叉也被列在毘沙門天的隨從之中。

乾闥婆——在佛教中是帝釋天的隨從，也是演奏音樂的樂神。在密教裡，是守護胎兒、幼兒的守護神。特徵是頭戴獅子寶冠，身穿鎧甲，手持寶珠

雖然造形奢華
但也是戰神
愛打架！
阿修羅
表情也
不斷變化
嘎嘎
吃龍的金色鳥
迦樓羅
因鳥頭而顯得個性鮮明

與三叉戟。不吃酒、肉，只以香氣為食。

阿修羅——原是與帝釋天對戰的惡神，聽聞釋迦說法後皈依佛教。現在位於修羅界，為戰鬥之神。外表多見三面六臂，呈現菩薩樣貌。

迦樓羅——也是印度神話中的金翅鳥。是毗濕奴神的坐騎，會吃龍（毒蛇）。在密教中也是梵天的化身與菩薩的化身。

外形是鳥頭人身，有二臂或四臂，或者是擁有翅膀與二臂的半鳥半人。以手、腳壓制蛇。

緊那羅——意思是「人非人」，也是半獸半人。為帝釋天的隨從，同時也是演奏樂器唱歌的音樂神。

摩睺羅伽——意思是大蛇。以樂師的身分隨侍在帝釋天身邊，也有蛇頭人身的造形。

十二神將

被藥師的本願功德感動，誓願救濟信眾

藥師如來的隨從，也稱十二藥叉大將。每一神將都各自率領七千藥叉以協助如來。還有一說是十二神將就代表著藥師如來的「十二大願」。

神將頭頂上有十二支等十二種動物的造形，是唐代、日本鎌倉時代普及的造形，原本神將與十二支是沒有關聯的。

外形是手持劍、戟等武器，身著鎧甲的武將造形。

十二神將的名稱分別為毘羯羅、招杜羅、眞達羅、摩虎羅、波夷羅、因達羅、珊底羅、頞儞羅、安底羅、迷企羅、伐折羅、宮毘羅。

珊底羅
波夷羅
因達羅
安底羅
頞儞羅
迷企羅
宮毘羅
伐折羅

十二天

帝釋天、毘沙門天等被單獨供奉的情況

古印度聖典《吠陀經》裡的神被引進佛教，成為十二天。十二天信仰出現在唐代，日本平安時代初期傳入日本。

東、西、南、北等八個方位，加上天、地以及晝、夜等，形成十二天。密教的曼荼羅中有十二天，表示占有重要地位。

十二天的名稱與代表方位分別為帝釋天（東）、火天（東南）、焰摩天（南）、羅剎天（西南）、水天（西）、風天（西北）、毘沙門天（北）、伊舍那天（東北）、梵天（上）、地天（下）、日天、月天。

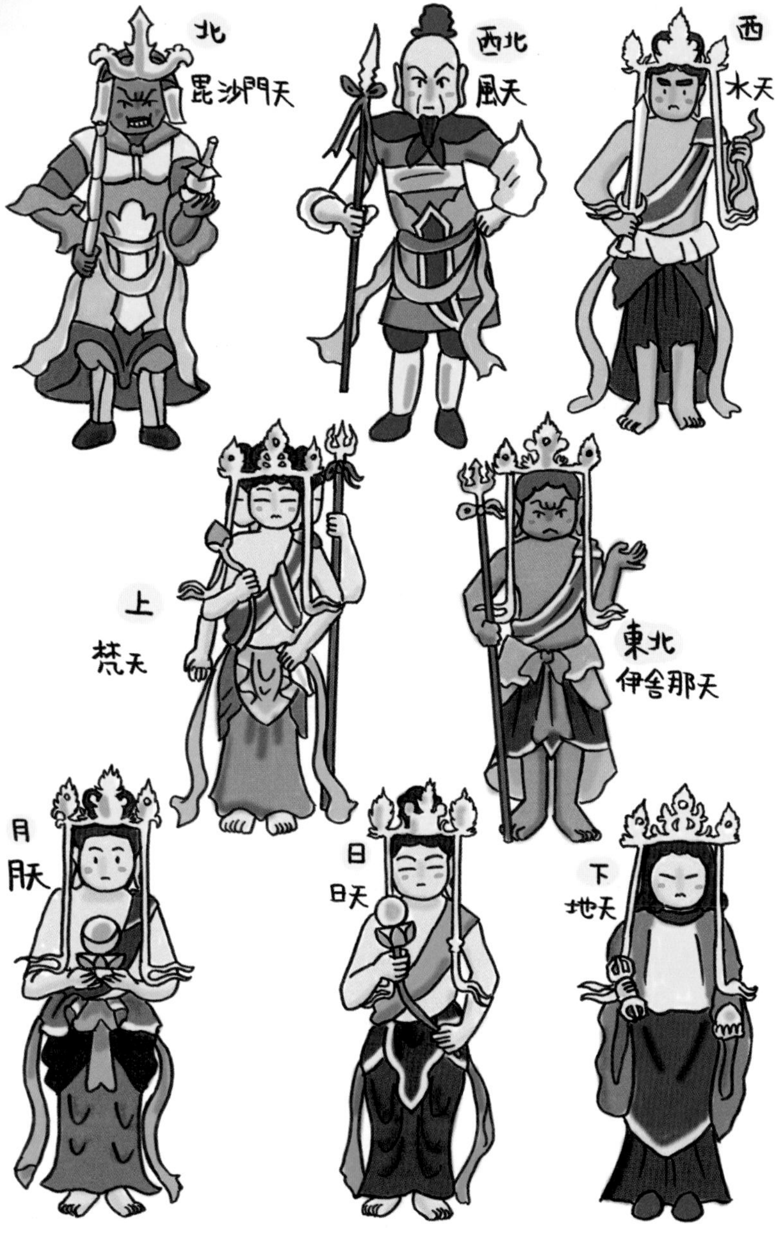
北
毘沙門天
西北
風天
西
水天
上
梵天
東北
伊舍那天
月
月天
日
日天
下
地天

元祿15年12月14日深夜
月黑風高
赤穗的流浪武士決定潛入吉良義央住宅殺害義央
忠臣藏
以曹洞宗江戶三寺之一而聞名
來到四十七士之墓的所在地泉岳寺參拜
寺院境內四十七士的墓地中
參拜者上香的香煙嬝繞
看得出忠臣藏極受民眾喜愛
モウ
煙霧
モウ
瀰漫
線香煙霧迷漫就是人氣的象徵！
被淺野內匠頭切腹流出的血染到，稱為血染石、血染梅
實在是太恐怖了
清洗吉良上野介（義央）首級的井就算是寺院迷也受不了呀！

每年12月14日舉辦義士祭活動
有追悼供養法會或紀念活動擠滿攤販聚集了很多人
やきとり
義士
赤穗的鹽味饅頭
ドーン
咚
ドドン
咚
我…我看到什麼！
竟然也看得到赤穗浪士！
ズラーーッ
喔喔喔喔～!!
這祭典推薦給喜愛歷史的人
轉身
微笑
想不到會遇上和藹可親的大河內藏助
アラ
像這樣從上午9點到下午4點
可以看到拔刺地藏
寬永寺
增上寺
泉岳寺
參拜東京都內四個寺院太滿足了！
希望各位也能夠找到適合自己的路線！
名產
好吃—
鹽味饅頭

Chapter 6

垂迹的世界

日本自古以來就存在的神明與佛教的佛結合之後，
產生了許多新的神。
逐漸又發展出日本的神是佛之化身的觀念，
也就是所謂「本地垂迹思想」。
基於這個思想而出現的，就是「權現」。
除了藏王權現之外，還有山王、熊野、金毘羅、春日等，
各地的權現信仰變得非常盛行。
權現中最多的，就是山岳之神。

藏王權現

非起源於印度的日本佛

佛教中的佛為了救渡世人，以日本神的樣貌出現，這樣的化身就叫做「權現」。也就是說調和了神、佛的神號就是權現。

藏王權現是修驗道的本尊。役小角在吉野的金峯山進行千日修行時，祈求救渡眾生的佛能夠現身，彼時感應到的就是權現。還有一說是起初現身的是釋迦如來，但是役小角覺得對於亂世而言，釋迦如來太溫柔，於是出現了千手觀音，然後是彌勒菩薩，即使如此，役小角還是無法接受，最後現身的就是帶著忿怒相的藏王權現。

外表與明王類似，一面三眼[1]二臂的忿怒相加上藍黑色的身體。特徵是舉起右手與右腳，有時手上也會拿金剛杵。左手結刀印或劍印，並插在腰際上。

※ 1也有的是兩眼。

喲！
從山中跳出來的
躍動姿態
右腳高高舉起
左腳踩在石頭上
輕鬆貌

供奉藏王權現的寺院

金峯山寺

狂暴的藏王權現現身的修驗道總本山

奈良

2012年起的10年，每年在固定期間特別舉辦御開帳

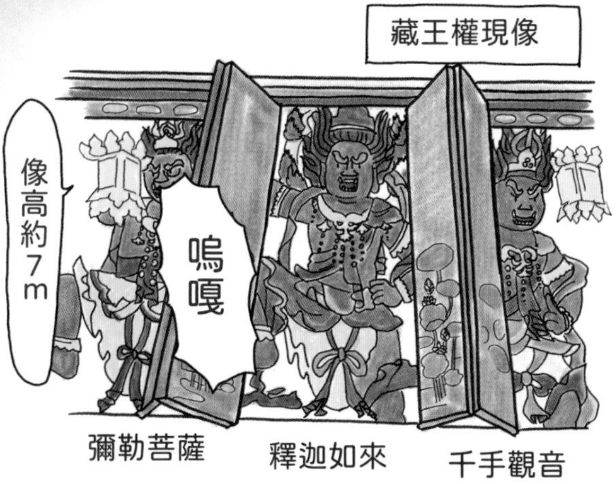

Profile

所在地	奈良縣吉野郡吉野町
本尊	金剛藏王權現
知名活動	節分法會、鬼火祭典、蓮華會、蛙跳活動
經典名產	吉野葛

金峯山寺[1]有一尊散發驚人氣勢、巨大的藍色金剛藏王權現像。役小角開創的金峯山寺，位於自古就盛行山岳信仰的吉野山上。自從役小角創立修驗道之後，金峯山寺就發展成修驗的聖地。平安時代，聖寶重新整理金峯山寺，並供奉金剛藏王權現。

藏王權現是役小角進行千日修行終了時感應到的，也是起源於日本的神。金峯山寺的三尊祕佛被安放在高三十四公尺的國寶藏王堂。權現被視為佛的化身，本地佛則有中央的釋迦如來(過去世)，面對佛像右邊的千手觀音(現世)，以及左邊的彌勒菩薩(未來世)，立誓跨越三世救渡眾生。忿怒神情的可怕姿態中，藏著深深的慈悲之心。

※1「紀伊山地的靈場與參拜道」之一，於二〇〇四年列入世界文化遺產。

僧形八幡神（八幡大菩薩）

被授予佛教菩薩稱號，擁有僧侶外形的神

日本傳統的神——八幡神，很早以前就與佛教結合。八幡宮的總本宮是大分縣宇佐市的宇佐神宮。奈良時代建造東大寺大佛，八幡神就曾經降下神諭，並透過宇佐神宮向朝廷轉達要協力建造。後來朝廷贈與菩薩的封號，八幡神也成為具有鎮護國土功德的「八幡大菩薩」。

平安時代，石清水八幡宮設置於京都裏鬼門的位置，受到皇室、朝廷的虔誠信仰。後來源氏及全國武士把八幡神視為武運之神。平安時代初期因為神佛調和的緣故，開始出現「僧形八幡神」的造形。僧形的佛像剃髮、手持錫杖、念珠，背後是日輪形狀的頭光。

修行中的僧侶之姿……
雖然外貌這樣，
其實是神！
我是神明喲

青面金剛

江戶時代流行的「庚申講」之本尊

青面金剛是以中國道教為基礎的庚申信仰之本尊。庚申信仰認為生存在人體內稱為「三屍蟲」的三種蟲，在庚申日的夜裡會趁人睡覺時脫離人體，向天神報告宿主的罪行。一旦罪行被報告上去，人的壽命就會變短，所以大家便集結起來徹夜不眠。如此便形成「庚申等」的習俗，這個聚會也就稱為「庚申講」。庚申講從平安時代起在貴族間流行開來，最後也傳入民間，變成通宵達旦的酒宴。在佛教中，青面金剛是帝釋天的使者，也具有擊退惡靈的神力。

根據《陀羅尼集經》的記載，青面金剛有藍色身體與忿怒的神情，臉上有三隻眼，四隻手持著武器，頭頂上有骷顱，身上則有蛇纏繞著。

七福神

至今祭拜七福神仍為新年固定的活動

七福神指惠比壽、大黑天、毘沙門天、辯才天、福祿壽、壽老人、布袋等七尊。七福神信仰廣傳於江戶時代，相傳每逢一月二日的夜裡，把繪有搭乘寶船的七福神畫放在枕頭下睡覺，就會有好事發生。

七福神信仰的初期，七福神的成員並不固定，例如吉祥天也曾列入其中。

惠比壽——漁業之神，保佑生意興盛與開運。上身穿打獵的狩衣、下身穿著稱為指貫的和服褲子，頭戴風折烏帽，右肩扛釣竿，左腋下抱著鯛魚。招牌笑容被稱為「惠比壽笑容」。

大黑天——保佑生意興盛之神。左肩扛著大福袋，右手拿

以啤酒商標而聞名的惠比壽

受歡迎的毘沙門天

大黑天

小槌，腳踩著裝米的米俵。

毘沙門天——福德之神。有消災解厄、保護身家的功德。

辯才天——財富之神，俗稱「辯財天」。具有口才、學問、音樂等利益功德。是貴婦裝扮的美女，頭戴寶冠，配戴胸飾。

福祿壽——外形兼具幸福、封祿（財產）、長壽等三德之神。起源是中國道教的道士，也有一說是南極星的化身。身短、頭形長，留長鬍鬚，手持綁著經卷的手杖。身邊有白鶴相伴。

壽老人——長壽之神。頭戴頭巾的老人樣貌。手持團扇與手杖。有時與福祿壽合為一體。

布袋——教導人們忍耐與友好之神。最有力的說法，是以中國後梁時代，名為契此的僧侶為原型。窄額、大腹，手持手杖或團扇，身上的布袋為知名標記。

三寶荒神

現身於修行中開成皇子面前的神

所謂三寶指佛、法、僧，是佛教的重要元素，而守護三寶的就是三寶荒神。三寶荒神是民間信仰結合陰陽道與佛教而產生的神，是役小角感應到而傳承下來的，也是修驗道信奉的神。

由於此神的性格粗暴，如果信眾無禮對待或敬畏心不足，就會被懲罰，但是另一方面，三寶荒神也很靈驗。江戶時代以後，因為此神討厭不淨的特性而變成燃火的清淨灶神，更衍生成為火神。後來也因為掌管炊事，所以發展成為食物、農耕之神。另外，也被信仰為家庭或牲畜的守護神。

外形通常是八面六臂或八臂的忿怒相，不過也有溫柔的如來荒神或神將型態的子島荒神。

雖然外形看起來很可怕，
不過是灶神
會幫忙看管
廚房的用火

東京散步 1日 遍訪寺院～總結

高岩寺（拔刺地藏尊）

所在地◆東京都豐島區巢鴨3丁目35-2
最近車站◆JR或都營地下鐵巢鴨站

以「歐巴桑的原宿」而聞名的巢鴨，最具象徵性的就是拔刺地藏。供奉拔刺地藏的是巢鴨地藏通商店街裡的高岩寺。正確來說，拔刺地藏就是該寺主神延命地藏菩薩，可保佑身體健康、疾病痊癒。雖是祕佛，不過信眾可在本堂取得地藏菩薩的「御影」，貼在身體覺得不適之處或吞服，疾病就會痊癒。另外，寺院境內有稱為「水洗觀音」的觀世音菩薩，信眾會依慣例以水淋觀音，再以布擦拭。

參拜高岩寺，順道在商店街裡找尋紅豆麵包與鹽大福等名產，可入店參觀購買。

寬永寺

所在地◆東京都台東區上野櫻木1丁目14-11
最近車站◆JR鶯谷站

寬永寺是為了祈求德川家族的安寧與人民的平安而建立，也是與德川家有淵源的寺院。位於江戶城鬼門（東北）的上野，由慈眼大師創建。山號為東比叡山，意味著東方的比叡山，建造也以延曆寺為範本。供奉本尊藥師如來的本堂與延曆寺一樣，是根本中堂。另外仿造琵琶湖的寶嚴寺，在不忍池建立弁天堂，也參考京都的清水寺，建造清水觀音堂。

上野公園裡有祭祀天海與良源兩位大師的開山堂，以及只留下臉部的上野大佛、祭祀德川家康的上野東照宮等。建議可在寬永寺周邊散步順便參觀這幾個景點。

增上寺

所在地◆東京都港區芝公園4丁目7-35
最近車站◆都營地下鐵御成門站或芝公園站

東京鐵塔與具有威嚴感的增上寺本堂同框，這樣的景色極具東京風格，也受外國觀光客好評。寺院入口的三解脫門是東日本最大，作為本堂的大殿亦號稱是首都圈最大。增上寺是淨土宗七大本山之一，本尊是室町時代製作的阿彌陀如來。17世紀中葉，這裡有超過120間建築物及100間以上的僧侶宿舍，非常熱鬧。

另外，寺院境內有歷代德川將軍墓。這裡曾有間稱為「御靈屋」的國寶靈廟，但被戰火波及而焚毀。戰後改葬，此處則建造石塔。現在可在寶物展示室看到壯麗的靈廟模型。

泉岳寺

所在地◆東京都港區高輪2丁目11-1
最近車站◆都營地下鐵泉岳寺站

提到泉岳寺，最有名的就是赤穗義士的墓地。除了潛入吉良義央住宅的47人以外，加上在此之前就切腹的1人，共有48個墓碑。直到現在還有參拜者敬香的香煙嬝繞。寺院境內有義士清洗吉良上野介首級的井──「洗頭井」，以及淺野內匠頭切腹時，被血染到的「血染梅」、「血染石」，還有義士之一大石主稅切腹的地方所種植的「主稅梅」等，都是與義士相關的景物。赤穗義士紀念館展示著義士的木像、遺物等，忠臣藏的粉絲來此必看。

每年舉辦2次的赤穗義士祭，吸引許多人前來參觀義士組成的隊伍。

Chapter 7

羅漢・祖師的世界

羅漢指已開悟的修行者，
包含了釋迦的十大弟子、
被釋迦任命常住世間並守護佛法的十六羅漢，
以及釋迦入滅後，
進行第一結集（編纂佛經）時，聚集而來的五百羅漢等。
另外，印度、漢傳以及日本等各宗派的開山祖師或高僧等，
也都是民眾信仰的對象。

十大弟子

釋迦弟子中主要的十人。以十人一組介紹

釋迦的眾多弟子中，最優秀的十人稱為十大弟子。

舍利弗——婆羅門出身，成為釋迦弟子之前品學兼優，自己也有弟子。在經典中，舍利弗也是釋迦說法的夥伴。

摩訶目犍連——生於婆羅門之家，與舍利弗為舊識。為了拯救落於餓鬼道的母親而進行供養，也是「盂蘭盆會」的起源。

大迦葉摩訶迦葉——是堅守苦行、謹守修行規律（頭陀）的人，個性嚴謹。弟子中的核心人物。釋迦入滅後，舉行編纂佛經會議時（稱為第一結集）擔任代表。

須菩提——為富豪長者之子。精通佛教思想的「空」，經常出現在解說空的大乘經典中。

富樓那彌多羅尼子——雖是外

道出家，不過釋迦知道他已開悟，故收為弟子。目標是在外國傳教，弘揚佛法。

摩訶迦旃延——婆羅門出身。釋迦誕生時，預言釋迦將成為佛陀的阿私陀仙人之弟子。因阿私陀仙人的指示而成為釋迦的弟子並受戒。擅長論議。

阿那律——出身於釋迦族。修行學問後出家。在釋迦說法時打瞌睡，懺悔後立誓絕不睡覺，最後導致失明，不過也因此而獲得看見眞理之眼（天眼）。

優婆離——原本是理髮師，後來出家成為釋迦弟子，稱為持戒第一。在第一結集時，就是根據優婆離的記憶制定律法（教團的規定）。

羅睺羅——釋迦與妃子所生之子。在釋迦得道之後出家。嚴守戒律，也是十六羅漢中的一人。

阿難陀——釋迦的堂弟。經常跟隨釋迦，聽釋迦說法，也熟記教法。經典就是仰賴他的記憶編纂而成。

十六羅漢

在初期的佛教中，羅漢位居最高地位

玄奘翻譯的《法住記》記載釋迦入滅之際，將遺言交代給守護並傳承佛法的十六位弟子，這些弟子就是十六羅漢。

十六羅漢中具代表性的一人就是賓頭盧尊者（賓度羅跋羅墮闍）。據傳由於賓頭盧愛在人前展現自己的神通而被釋迦斥責。民間信仰相信如果身體不適，只要撫摸賓頭盧像的相同部位，疾病就會痊癒，所以「賓頭盧尊者像」都會安置在堂前。

1	賓度羅跋羅墮闍尊者
2	迦諾迦伐蹉尊者
3	迦諾迦跋釐墮闍尊者
4	蘇頻陀尊者
5	諾距羅尊者
6	跋陀羅尊者
7	迦哩迦尊者
8	伐闍羅弗多羅尊者
9	戍博迦尊者
10	半諾迦尊者
11	羅怙羅尊者
12	那伽犀那尊者
13	因揭陀尊者
14	伐那婆斯尊者
15	阿氏多尊者
16	注荼半託迦尊者

達磨

梵語中，達磨是法（眞理）的意思

西元六世紀左右，眞實存在的人物。南印度出身，婆羅門國王的第三子。為了傳授禪法而前往漢地，成為禪宗的開山祖師。在北魏嵩山的少林寺面壁坐禪九年，導致手腳退化而成為傳說。

由此傳說而衍生出沒有手腳的達磨娃娃並廣傳民間。禪宗的畫裡，圓臉大眼大鼻為其特徵。

是那個
持續打坐 9 年……

鑑眞

克服航海失敗與失明等苦難，堅持將戒律東傳日本

奈良時代歸化日本，為日本律宗的開山祖師。鑑眞生於漢地唐帝國，揚州人，十四歲出家，在長安、洛陽等地勤於修行。

接受日本僧侶的懇請，為了傳授戒律而嘗試渡海到日本，但五次渡海都宣告失敗。失明後，經過前後十二年的時間，終於在六十七歲時成功抵達日本。

在日本備受禮遇，為聖武上皇等人授戒，並且在東大寺建立戒壇院。另外也創建唐招提寺，擔任第一代住持。

數度嘗試突破驚滔駭浪
都已經失明了還來日本，
是傳說中努力不懈的人！

聖德太子

篤信並保護佛教，留下無數傳說，一萬日圓舊鈔上的偉人

用明天皇的第二皇子，本名為廄戸皇子。二十歲成為推古天皇的攝政。

頒布「十七條憲法」、制定「冠位十二階」等制度，也派出遣隋使，皆為知名功績。另外，建立大阪四天王寺、奈良法隆寺等，對佛教的傳播大有貢獻。

聖德太子死後，太子信仰馬上廣傳民間，與太子相關的故事被集結成《聖德太子傳曆》，許多雕像、圖畫都是根據此書而作。

從小的樣貌就非常出色
看起來好聰明……

最澄

受清和天皇賜封「傳教大師」，日本第一個大師稱號

日本天台宗的開山祖師。生於近江（滋賀縣），十二歲出家。為了修行而進入比叡山，建立延曆寺的一乘止觀院。

受到桓武天皇的信賴，年紀輕輕就被任為內供奉十禪師。前往唐帝國學習天台、大乘戒、禪、密教。隔年回國，在宮中為患病的桓武天皇祈禱康復，同年創天台宗。圓寂後四十四年被追封為「傳教大師」。

與空海非常親近……，但後來卻絕交

空海

在社會福利、教育方面留下各種功績，以書法家而聞名

空海以「弘法大師」而聞名，是眞言宗開山祖師。出生於讚岐（香川縣），十五歲入京學習儒學，後來放棄儒學出家，進入佛門。

三十一歲時渡唐，學習密教，兩年後歸國。後來獲得嵯峨天皇賜予高野山、東寺，一心研究密教，最後開創眞言宗。

另外，為一般庶民創立學校、整備儲水池等，投注心力在公共事業上。

總之就是一位天才

空也

遍訪各地，經常唱誦「南無阿彌陀佛」向百姓傳教

將淨土教普及民間的第一人。經常唱誦「南無阿彌陀佛」，故稱「阿彌陀聖」，致力於教化民眾，故也被稱為「市聖」。另也投入各種社會事業，例如掘井、開路或造橋等。

長時間遊歷各地，在比叡山受戒，得法號「光勝」。享年七十歲。

從口中出現六尊佛之像有名，把念佛的意象視覺化。

南無阿彌陀佛
啪啊～
密技！從口中出現阿彌陀佛!!

主要参考文献

目で見る仏像事典　田中義恭・星山晋也 編著　東京美術
もっと知りたい仁和寺の歴史（アート・ビギナーズ・コレクション）　久保智康・川美幸 著　東京美術
仏像がよくわかる本 種類、見分け方完全ガイド　瓜生中 著　ＰＨＰ研究所
図説 あらすじでわかる！日本の仏　速水侑 監修、プライム涌光 編　青春出版社
仏像の見方　澤村忠保 著　誠文堂新光社
知っているようで知らない！日本の仏様　松濤弘道 著　日本文芸社
感じる・調べる・もっと近づく 仏像の本　廣瀬郁美（仏像ガール）著、西山厚 監修　山と渓谷社
かわいいぶつぞう ふしぎなチカラ　井筒信隆 監修、峯村冨一 著　春秋社
仏像にインタビュー　宮澤やすみ 著　実業之日本社
グループ別ですんなりわかる はじめての仏像　宮澤やすみ 著　河出書房新社
仏像、大好き！　田中ひろみ 著　小学館
週刊 古寺を巡る 各号　小学館
仏像のやさしい見方　岩崎和子 著　主婦と生活社
仏像の見方 見分け方　河原由雄 監修　主婦と生活社
天上の舞 飛天の美　佐々木康之・上野友愛・石田佳也 編　サントリー美術館
平等院鳳凰堂平成修理完成記念 天上の舞 飛天の美　サントリー美術館
世界宗教用語大事典　須藤隆仙 著　新人物往来社
仏尊の事典 壮大なる仏教宇宙の仏たち　関根俊一 編著　学習研究社
国宝大事典（２）彫刻　西村杏太郎 編　講談社
原寸大 日本の仏像 奈良編　清水眞澄 総監修、稲木吉一・塩澤寛樹 監修　講談社
原寸大 日本の仏像 京都編　清水眞澄 総監修、稲木吉一・塩澤寛樹 監修　講談社
面白いほどよくわかる 仏像の世界　田中義恭 著　日本文芸社
イラスト図解 仏像　副島弘道 監修　日東書院本社
奈良時代の東大寺　東大寺ミュージアム 編　東大寺
愛染明王 愛と怒りのほとけ　神奈川県立金沢文庫 編　神奈川県立金沢文庫
仏像案内　佐和隆研 編　吉川弘文館
日本仏像事典　眞鍋俊照 編　吉川弘文館

仏教画伝　大森義成 監修、三好載克 画、坂本夏観 文　G.B.

図解 ここが見どころ！古建築　妻木靖延 著　学芸出版社

神社・お寺のふしぎ100　藤本頼生・東京都仏教連合会 監修、田中ひろみ 著　偕成社

神社とは何か？お寺とは何か？（ペンブックス）　武光誠 監修、ペン編集部 編　CCCメディアハウス

神社とは何か？お寺とは何か？2（ペンブックス）　ペン編集部 編　CCCメディアハウス

すばらしいお寺・神社ベスト80　松島龍戒・三浦利規 監修　プレジデント社

お寺の基本　枻出版社

名所・旧跡の解剖図鑑　スタジオワーク 著　エクスナレッジ

国宝薬師寺展　石川県立美術館 編　国宝薬師寺展金沢開催委員会

週刊 仏教新発見 各号　朝日新聞出版

週刊 日本遺産 各号　朝日新聞社

古寺巡礼 京都 大覚寺　下泉恵尚・山折哲雄 著　淡交社

古寺巡礼 京都 醍醐寺　麻生文雄・永井路子 著　淡交社

古寺巡礼 京都 鞍馬寺　信楽香仁・道浦母都子 著　淡交社

特別展 京都大報恩寺 快慶・定慶のみほとけ　東京国立博物館 編　読売新聞社

除上述文獻之外，還參考多數書籍、雜誌、各寺院發行的小冊、各寺官方網站等。

參與製作人員

設計　bitter design

DTP　島田利之（sheets-design）

校對　古川順弘

本書是以《插畫版完全指南 日本的佛像》、《插畫版完全指南 日本的寺院與神社》為基礎，重新編排、改名，並根據內容多寡重新編輯而成。

插畫版完全指南
日本的佛像與寺院
イラスト丸わかりガイド 日本の仏さまとお寺

作　者	日本的佛像與寺院研究會
插　畫	Kawaguchi Nirako
撰　文	Lotus Sawako
譯　者	陳美瑛
日版設計	bitter design
日版排版	島田利之（sheets-design）
責任編輯	賴譽夫
美術排版	一瞬設計
編輯出版	遠足文化
行銷企劃	余一霞、汪佳穎、林芳如
行銷總監	陳雅雯
副總編輯	賴譽夫
執行長	陳蕙慧
社　長	郭重興
發行人兼出版總監	曾大福
發　行	遠足文化事業股份有限公司 23141新北市新店區民權路108之2號9樓 代表號：（02）2218-1417　傳真：（02）2218-0727 客服專線：0800-221-029　Email：service@bookrep.com.tw 郵政劃撥帳號：19504465　戶名：遠足文化事業股份有限公司 網址：http://www.bookrep.com.tw
法律顧問	華洋法律事務所　蘇文生律師
印　製	韋懋實業有限公司
初版一刷	2022年5月

國家圖書館預行編目資料

插畫版完全指南：日本的佛像與寺院／日本的佛像與寺院研究會著；Kawaguchi Nirako 繪；Lotus Sawako 文；陳美瑛 譯
—初版.— 新北市：遠足文化事業股份有限公司, 2022年5月
176面；14.8×18.5公分
譯自：イラスト丸わかりガイド 日本の仏さまとお寺
ISBN 978-986-508-133-1（平裝）
1.佛像 2.寺廟 3.旅遊 4.日本

224.6　　111002891

ISBN　978-986-508-133-1
定價　380元